Le Vainqueur de la nuit

Janète Lauliac-Christiaens, fille d'un médecin, est née à Lille en 1900. Après avoir vécu quarante ans à Paris où elle était enseignante, elle entreprend, en 1963, d'écrire pour la jeunesse. Son amitié avec des aveugles inspire une série de romans ayant pour héroïne, Rita, une jeune aveugle. En 1966, ayant appris le braille, elle fonde un centre d'amitié entre « jeunes aveugles, jeunes voyants », dont elle continue de s'occuper activement et qui étend son rayonnement hors des frontières, dans le Tiers-Monde. La biographie de Louis Braille, écrite en 1965, s'inscrit dans cette ligne.

Avant-propos

Vous qui voyez clair, chers jeunes amis, vous qui connaissez les joies de la lecture, vous rendez-vous compte de ce qu'était autrefois la vie des aveugles ?

Ils étaient condamnés à vivre toujours dans la nuit.

Nuit des sens, aucune description ne leur permettant de se représenter la lumière dont ils étaient privés.

Nuit de l'intelligence : aucun ne pouvait lire et se cultiver.

Nuit du cœur qui leur refusait le contact humain que donne le regard. Ils ne pouvaient pénétrer la pensée des autres ni se faire connaître d'eux ; et la pitié qu'ils inspiraient leur était plus pénible que la cécité même.

Un homme de génie est parvenu à dissiper ces ténèbres qui les accablaient : Louis BRAILLE, par son invention de l'écriture en points saillants, a transformé leur existence.

Avant de faire revivre devant vous cet homme généreux, je voudrais vous présenter l'hommage qu'un aveugle vient de lui rendre :

Témoignage d'un aveugle

Monsieur Braille, merci !
Pour toute la lumière
Qu'un jour vous avez mise
Dans le cœur de vos frères.
Par vous ils sont heureux,
Leur longue nuit s'éclaire
Et vos doigts de lumière
Leur ont donné des yeux.

Quel trésor magnifique
Vous leur avez laissé !
Grâce aux six points magiques
Que vous avez tracés.
Pour tant d'ardeur secrète,
De dévouement aussi,
Les non-voyants vous crient :
Monsieur Braille, merci !

Les grands espoirs et les joies promises
Sont désormais venus à leurs secours ;
Dans leur cœur s'inscrit une devise :
VAINCRE LA NUIT pour triompher des [jours.

Monsieur Braille merci !
Pour le bel héritage
Que vous avez transmis

Aux hommes de courage.
Grâce à vous, ils ont pu sortir du grand
Et leur reconnaissance [silence
Pour toujours vous est acquise.

Des hommes par milliers, en découvrant les
[livres,
Retrouvent les raisons et les forces de vivre,
Pour tant d'amour sublime et de génie aussi,
L'univers crie unanimement : Monsieur
[Braille, merci !

Charles HUMEL, 1972

Puissent les pages qui suivent éveiller votre sympathie pour les aveugles, particulièrement pour Louis BRAILLE, ce jeune inventeur aussi modeste que courageux.

J. C.

PREMIÈRE PARTIE

1

La petite famille

En ce matin du printemps 1812, dans la maison de Simon-René Braille, à Coupvray, près de Meaux, des cris joyeux retentissent :

« Où as-tu caché encore mes sabots ? demande la grande sœur Catherine, mi-fâchée, mi-rieuse.

— Sais pas, moi, répond la voix futée du petit frère.

— Si tu ne me les rends pas tout de suite, je ne t'emmènerai pas à l'étable, ni aux poules.

— Cherche ! » et les yeux malicieux fixent le plancher entre l'horloge et la huche à pain.

Catherine attrape ses sabots, les enfile, donne une taloche à l'enfant et l'entraîne dans la cour.

Tous les matins, c'est à peu près la même

comédie ; mais la grande sœur s'en amuse. Ce petit gars, n'est-il pas un peu son fils ?

Elle avait seize ans quand il est né ; il était si malingre alors que l'on ne pensait pas qu'il pourrait vivre. Elle a aidé la « mère » à le soigner, passant des nuits et des nuits à son chevet.

Maintenant, Louis est un bonhomme de trois ans et demi, pas bien gros mais plein de vie. Ses cheveux blonds sont frisés ; ses yeux pétillent d'intelligence.

Dans sa robe de bébé, il sautille près de sa sœur, rose et accorte sous son bonnet blanc.

A l'étable, c'est lui qui va chercher le banc et le donne fièrement à Catherine. Ensuite il l'« aide » à rapporter le seau à la maison.

Au poulailler, il enfonce avec délices ses menottes dans le panier aux grains ; puis en lance à droite, à gauche.

« Pas si loin, Louis, il va se perdre, gronde la sœur.

— C'est pour les p'tites, derrière... Les grosses, elles mangent tout ! »

Dans la salle commune, le père est déjà attablé devant une grande jatte de café au lait. Louis, qui a faim, va s'asseoir près de lui.

C'est Marie-Céline, la sœur de quatorze ans, qui distribue les tartines. Sur des tranches de pain bis, elle a étalé une bonne couche de beurre ; car si les Braille ne sont pas très riches, ils sont à leur aise et mangent bien.

Simon-René Braille est bourrelier de son métier et le travail ne lui manque pas dans ce village où tout le monde l'estime. Sa femme et ses quatre enfants le chérissent.

La porte s'ouvre bruyamment ; Louis-Simon, le fils aîné, entre, un fagot sur l'épaule.

« Salut à tous ! » dit-il en déposant le bois près de la cheminée.

A dix-sept ans, il aide son père à l'atelier mais préfère de beaucoup la culture.

Puis apparaît la mère, Monique, son panier de légumes au bras.

« Bonjour, mes enfants ! » fait-elle.

Alerte, de petite taille, elle est aussi économe que le père est travailleur.

« Eh bien ! Louis, demande-t-elle, tu n'as pas fait trop enrager Catherine, ce matin ? »

Le garçon, tout à ses tartines, ne répond pas.

2

L'accident

Le déjeuner fini, chacun va à son travail. Louis suit le père ; il traverse le chemin et pénètre avec lui dans l'atelier. Cet atelier est pour lui un lieu d'enchantement.

Il y règne une forte odeur de chevaux et de cuir mouillé. Aux murs sont accrochés, comme des drapeaux, des fouets, des selles et des courroies.

Mais c'est sur le grand établi que se trouvent toutes les merveilles : clous en or et en argent, outils brillants, morceaux de cuir aux couleurs vives.

Aujourd'hui, un magnifique collier de cheval trône au milieu de la table.

« Il faut vite que je le finisse. Donne-moi les franges, Louis : une noire..., une rouge..., une jaune..., une blanche... »

L'enfant, très fier d'aider son père, les lui

passe une à une ; c'est qu'il connaît bien les couleurs : le noir, tout triste ; le rouge, criard ; le jaune, très gai, et le blanc, si doux.

Simon-René les ajuste avec des clous dorés.

« C'est beau ! fait Louis, extasié. Je ferai de beaux colliers quand je serai grand.

— Est-ce que tu voudrais te faire bourrelier, toi aussi, par hasard ? questionne le père.

— Non, tranche la petite voix, qui affirme sérieusement : Moi, quand je serai grand, je serai savant.

— Savant, et pour quoi faire ? demande le papa.

— Pour lire dans de beaux livres, comme Catherine et Marie-Céline. »

Simon regarde avec fierté la frimousse éveillée de son benjamin : il a toujours pensé que ce petit serait la consolation de ses vieux jours.

« Là, c'est fini..., je vais le porter.

— Peux aller avec toi, p'pa ?

— Non, c'est pressé ; mais je reviens tout de suite, c'est à côté. Va jouer avec Médor. »

Déçu, Louis va trouver le gros chien attaché à sa niche. D'abord, il lui passe câlinement les bras autour du cou ; puis il se relève et le bourre de petits coups de

poing... Le chien
riposte en le faisant
tomber et en le roulant
par terre. Ils s'amusent à se bagarrer.
Mais l'enfant se lasse du jeu, il revient

dans l'échoppe. Sur l'établi s'étalent de beaux morceaux de cuir brillants ; Louis les regarde attentivement : s'il faisait comme papa ? Il découperait un morceau et enfoncerait dedans un joli clou doré ?... Il n'a pas le droit de toucher aux outils... Mais celui-ci, tout petit, ne lui fera pas de mal... et le père sera si fier de voir le beau travail de son garçon...

La tentation est trop forte : le petit grimpe sur l'escabelle, il se met à genoux, sa main gauche maintient le cuir, la droite saisit le poinçon et l'appuie sur le cuir. Mais c'est dur... Il pousse plus fort...

Sa main glisse... L'outil saute...

... et s'enfonce dans son œil droit...

CRIS DÉCHIRANTS...

Simon-René, qui rentrait, se précipite. Il trouve son fils, la figure couverte de sang, hurlant de douleur.

La mère accourt de la maison. Vite, elle va quérir un linge, une cruche d'eau. Mais le sang coule toujours...

Toutes les voisines ont envahi l'atelier. L'une d'elles s'écrie :

« C'est de l'eau de lis[1] qu'il faut pour arrêter ça ! »

---

1. Décoction de lis utilisée alors pour soigner les blessures.

Bientôt elle revient avec une bouteille de cette précieuse décoction réputée pour faire cesser les hémorragies.

Le père en applique une compresse sur l'œil tuméfié et le sang arrête enfin de couler.

« Louis-Simon, crie le bourrelier, va quérir le médecin. Attelle la jument... Va vite ! Dépêche-toi ! »

Louis, un peu calmé, est étendu sur le lit de ses parents ; les femmes s'affairent autour de lui.

Simon-René fouille dans le bahut et en retire un petit livre intitulé *Médecine populaire*, par le docteur Léopold Turck, et il cherche avidement des conseils pour les blessures aux yeux : *Obscurité... Compresses d'eau froide, saignées, diète et calomel.* Cela lui semble bien compliqué.

Enfin le médecin arrive ; le silence se fait dans la pièce. Il dépose son grand chapeau sur la table et se penche sur le petit blessé. Longuement, il examine la figure ensanglantée, puis, se relevant, il déclare :

« L'œil droit semble perdu ; mais il faut sauver l'autre. Quand l'enfant ira mieux, vous devriez l'emmener à l'hospice de Meaux pour consulter un médecin oculiste. »

Peu à peu, Louis eut moins mal. La mère

lui fit gober un œuf tous les matins. Catherine l'installait dans son petit fauteuil, au soleil, et lui racontait des histoires.

Mais le pauvre œil restait fermé et gonflé ; l'autre était violet.

3

Dans le brouillard et la fumée

Un matin, le père et la mère emmenèrent Louis à Meaux ; Catherine et Marie attendirent anxieusement leur retour.

Quand la carriole arriva, Simon-René en descendit le premier, le front soucieux ; puis mère Monique, les yeux tout rouges. Louis, lui, était ravi.

Il courut vers ses sœurs :

« Y en avait, des gens, déclara-t-il avec animation, et des chevaux, des voitures plein les rues... Des dames avec de belles robes et de drôles de bonnets... »

Mais c'était autre chose que les sœurs voulaient savoir ; elles suivirent le père à l'atelier.

« Qu'est-ce qu'il a dit ? demandèrent-elles.

— Il a dit qu'il ne pouvait rien affirmer... Que l'œil droit était quasiment perdu... Que l'autre se perdrait peut-être aussi... Il a donné des gouttes... Mais il a insisté pour qu'on ne parle pas au petit de ses yeux. Il faut le distraire, l'occuper et être gai avec lui... »

Être gai, ce n'était pas facile quand on avait le cœur triste ; mais toute la famille s'y efforça. Catherine emmena Louis à l'étable et au poulailler ; Marie-Céline lui chanta de jolies chansons ; des petits voisins vinrent jouer avec lui...

Du reste, son œil gauche voyait.

Mais voyait-il bien, son œil gauche ?

L'enfant faisait souvent des chutes ; il se cognait dans les meubles.

Un jour, il avait fait tomber une escabelle ; un autre, il avait renversé une cruche posée à terre, qui, heureusement, était vide.

Un soir Louis revient du lavoir avec Catherine ; accroché à la brouette qu'il croit pousser, il déclare tout à coup :

« Quel brouillard ! Il fera beau demain.

— Mais il n'y a pas de brouillard, relève la sœur, surprise.

— Ah ! » fait le petit, et, sans plus s'étonner, il se remet à chanter.

En rentrant dans la maison, il renifle fortement :

« Il y en a, de la fumée ! Ça ne sent pas la fumée et il y en a tout plein ; c'est drôle ! »

Il ne voit pas le regard désolé que Catherine lance à la mère. Lui, tranquillement, se dirige vers un coin de la pièce, il s'accroupit devant son jeu de construction : des bouts de bois que lui a taillés Louis-Simon et des morceaux de cuir que lui a donnés le père.

Louis vécut alors dans la fumée et le brouillard. Il ne s'en rendait pas compte, mais il était plus prudent. Il réfléchissait, évaluait les distances pour ne pas se cogner. Les bras tendus, il tâtait le mur et il trouvait facilement l'horloge, le bahut, la cheminée et le four à pain, l'évier, la fenêtre, le lit avec ses rideaux de calicot, enfin, au milieu, la grande table et les bancs. Ce n'était plus des obstacles pour lui, mais des points de repère qui lui permettaient de se diriger. Il faisait l'apprentissage de la nuit.

La mère, malgré son manque d'instruction, avait compris ce qu'il fallait à son « p'tit » : de l'ordre, beaucoup d'ordre autour de lui. Elle se rendait compte qu'il devait trouver toujours les objets à la même place, pour ne pas risquer de se heurter. Et puis elle tâchait de l'occuper :

« Épluche-moi les pommes de terre et les

carottes, Louis ! Frotte la marmite en cuivre !... »

Et l'enfant n'était pas triste.

Jean-François Carron, un brave gars de Coupvray, vigneron de son état, venait souvent à la maison, car il courtisait Catherine. On riait bien alors, et l'on buvait du bon vin. Il donna un jour à Louis un cheval de bois magnifique, qui fit aboyer Médor de jalousie.

Pour le mariage, le 3 juin 1813, l'enfant quitta la robe de fille pour le pantalon d'homme, qu'il porta ensuite fièrement le dimanche, avec la jaquette à boutons dorés et, la semaine, avec la large blouse de toile.

Il eut bien un peu de peine, les premiers jours, de ne plus sentir Catherine près de lui ; mais elle habitait tout près, rue Saint-Denis, et venait souvent à la maison. Et puis Marie-Céline la remplaçait ; c'était elle qui l'emmenait chercher de l'eau à la Fréminette, en lui apprenant de belles chansons.

4

Dans la nuit

« Eh bien, Louis, tu ne te lèves pas ? Petit paresseux ! crie un matin la mère, un an et demi après l'accident.

— Mais, m'man, c'est encore la nuit, il fait tout noir.

— Tout noir ? Le soleil est levé depuis longtemps.

— Le soleil ? Je ne le vois pas ! »

Louis ne devait jamais revoir le soleil.

Il sort de son lit et s'étonne :

« Oh ! je n'ai plus de pied..., je n'ai plus de main !... »

Et, tournant la tête de tous les côtés :

« Où es-tu, m'man ? Je ne te vois pas ! »

Monique a compris ; elle se précipite sur son petit et le serre dans ses bras en sanglotant...

« Qu'est-ce qui se passe ? » fait le père en entrant.

Au milieu de ses sanglots, la mère explique :

« Il ne voit plus clair..., il ne voit plus clair du tout !...

— Eh bien ! crie Simon-René, en colère, ce n'est pas une raison pour pleurer... »

Et il ordonne :

« Tais-toi ! Habille-le ! Qu'il aille jouer dans la cour ! »

Monique essuie ses larmes ; Louis se laisse

vêtir. Puis il va trouver Médor ; il enfonce ses mains dans le long poil chaud, il sent la bonne langue qui lèche sa figure et ses mains, mais il ne voit pas le chien.

Par la porte ouverte, des bouts de phrases lui arrivent. Le père paraît toujours aussi furieux :

« A quoi ça sert de pleurer ? Il n'y a rien à faire !

— Je ne veux pas qu'il soit comme le pauvre du village !

— Jamais il ne sera mendiant ; je travaillerai double... »

Soudain, la voix se radoucit :

« Ne pleure pas, va, ma pauvre vieille, j'ai autant de chagrin que toi ! Mais il faut l'aider à vivre, ce petit... Le médecin a dit qu'il ne fallait pas lui parler de ses yeux..., qu'il fallait le distraire, l'occuper..., être gai, quoi ! Il ne faut pas pleurer !... »

Louis ne comprend pas tout ce qu'ils disent ; ce qu'il sent, c'est qu'ils l'aiment bien, et un petit garçon qui se sait aimé n'est jamais un petit garçon très malheureux.

5

Avec ses doigts et ses oreilles

Du reste, la voix joviale du père l'appelle :

« Viens m'aider, Louis ! »

Le voilà installé au haut d'une escabelle ; devant lui, sur l'établi, un gros tas de franges.

« Tu vas mettre toutes les grandes à droite, les petites à gauche et les moyennes au milieu. As-tu compris ?

— C'est pas difficile », fait l'enfant.

Quand Simon-René revient, il est stupéfait :

« Tu as mis les rouges ensemble, les noires ensemble ; comment as-tu fait ?

— Elles ne sont pas pareilles, déclare Louis en les caressant ; les noires sont lisses, les rouges ne le sont pas... »

Le petit semble voir avec ses doigts.

Louis a continué sa vie habituelle ; il se dirige dans « sa nuit » aussi bien que dans « son brouillard ».

Sa tête est un peu penchée en avant ; sa physionomie a perdu sa vivacité, mais non ses traits fins et intelligents ; il semble vivre plus à l'intérieur.

Pourtant il a conservé sa gaieté et c'est un petit garçon qui aime toujours faire des farces.

Il chantonne généralement en marchant ; à Mme Boury, la voisine, qui lui en demandait la raison, il a répondu :

« C'est pour ne pas me cogner.

— Pour ne pas te cogner... Je ne comprends pas !

— Si ! Quand il y a quelque chose devant, le chant n'est plus pareil. »

L'obstacle change le son et se signale ainsi à son oreille attentive.

Évidemment, il faut faire attention et Louis est devenu un garçon très réfléchi.

Comme il voit avec ses doigts, il semble aussi voir avec ses oreilles.

Il reconnaît le pas de chacun :

« Tiens ! le bœuf à Paul, il a encore perdu un fer ; voilà le père Leroy qui passe avec son âne. C'est la mère Seguin qui rentre ses chèvres ! »

Et le plus fort, c'est qu'il ne se trompe jamais.

« Tu as fini tes bottes de carottes, Louis ? demande la mère.

— Oui, les voilà », répond l'enfant.

Une grande animation règne dans la maison tous les mercredis matin ; c'est le jour du marché et toute la famille s'y rend : le père, pour vendre ses harnais ; la mère et Marie-Céline, les légumes et les œufs.

C'est à Louis que revient la charge de confectionner les bottes de carottes et de navets. Il en est très fier. Puis c'est avec joie qu'il grimpe dans la carriole à côté de Simon-René.

Sur la place règne une grande animation qui ravit l'enfant.

Assis sur une caisse, il s'amuse à écouter les gens crier, rire et se disputer. On vient le voir et il répond gentiment :

« Bonjour, monsieur Seguin ! Bonjour, madame Marniesse ! »

Car il reconnaît chacun à sa voix.

Les jours de foire — quatre fois par an — sont encore plus amusants : une grande foule endimanchée, des chevaux, des cochons et des moutons. Le père les lui décrit et, parfois, lui permet d'en caresser un ; il n'a

pas peur car il aime beaucoup les animaux.

Mais les plus grandes fêtes sont encore les vendanges.

Le tambour du garde champêtre annonce le branle-bas général. Tout le monde est dehors. Les paniers de l'année dernière ont été sortis des greniers. Les voisins s'entraident. Les Braille, avec leur hectare de vigne, ont fort à faire. Jean-François Carron, le mari de Catherine, vigneron lui-même, vient donner un coup de main. Louis fait sa part de la cueillette ; il sait très bien couper les grappes et les mettre dans le panier.

Tout en travaillant, les vendangeurs chantent en chœur.

Et le soir on danse au son de la musique. L'enfant s'en donne à cœur joie, jusqu'à ce que, rompu de fatigue, il tombe endormi, la tête sur les genoux de sa mère.

C'était le bon temps ; il ne devait pas durer toujours.

6

Adieu, Blanchette

« L'Empereur Napoléon est battu !... La Grande Armée recule ! » crie Hurault, le voisin, dévalant le chemin devant l'échoppe du bourrelier.

Le père et Louis se mettent à courir avec lui vers le village.

« Qui est-ce qui a dit ça ? questionne Simon-René.

— Le courrier d'Paris, qui vient d'arriver. Il paraîtrait que les soldats à Napoléon seraient en déroute ; ils auraient été repoussés sur le Rhin ! »

Sur la place, une foule agitée entoure la diligence ; le postillon est quasiment étouffé par les hommes avides de nouvelles.

« Oui, explique-t-il, la Grande Armée reflue en désordre sur Paris ; la France est envahie ; l'Empereur fait appel aux dernières ressources nationales. »

En revenant tristement à la maison, Louis questionne le père :

« Qu'est-ce que ça veut dire, les ressources nationales ? »

Simon explique de son mieux :

« Les ressources nationales, c'est ce que possède la nation, le pays enfin : les écus, le blé, les chevaux... »

Le 2 janvier 1814, le tambour appelle tous les hommes à la mairie.

Le maire leur déclare que Coupvray doit fournir immédiatement aux troupes cent hectolitres d'avoine, soit cinquante à cent litres par famille.

Le 23 janvier, il faut en donner quarante-huit hectolitres.

Le 28, mille deux cents bottes de foin sont exigées et huit vaches doivent être amenées à Coulommiers.

Le 8 février, le boulanger Acat doit préparer sept cents livres de pain pour la Grande Armée.

Enfin le 20 février, de Montereau, l'Empereur réquisitionne tous les chevaux et juments de la région.

Louis est au désespoir. Sa Blanchette, la

jument qui lui souffle si doucement dans le cou quand il la caresse, sa Blanchette va partir.

« Non, p'pa, on ne peut pas donner Blanchette !

— Mais, mon pauvre p'tiot, il le faut bien, c'est la guerre ! »

Quand l'enfant entend le bruit des sabots dans la cour, il éclate en sanglots.

Après le départ de Blanchette, du 19 mars au 14 avril, Coupvray retrouve un peu de calme : il n'y a plus de réquisitions.

Dans l'atelier, Louis entend discuter toutes les nouvelles vraies ou fausses qui circulent. Les uns ont entendu dire que l'Empereur avait été fait prisonnier ; d'autres racontent qu'il a battu les ennemis à Champaubert et à Montmirail. Certains affirment que les Prussiens se dirigent vers Paris et qu'ils vont passer par Coupvray.

Au fond, les gens ne savent pas grand-chose, mais c'est partout la misère. Chez les Braille, on ne manque encore de rien ; mais, comme on partage un peu avec les voisins plus malheureux, il ne faut pas manger trop.

« Voilà les grenadiers russes, crie Louis-

Simon, ce matin d'avril 1814, en surgissant dans la salle où la famille déjeune. Ils arrivent... Ils prennent tout !... Sauvez vos affaires ! »

Et il disparaît aussitôt. Simon-René commande avec calme :

« Toutes les provisions dans des sacs ; cinq bissacs, un pour chacun, et un peu de linge dessus pour les cacher ! »

Louis a tout juste reçu son sac qu'il entend dehors un tumulte effroyable : roulements de chariots, pas de chevaux, cliquetis d'armes, cris diaboliques...

Un grand coup de botte dans la porte et un officier entre, hurlant des choses que l'enfant ne comprend pas.

Le père essaie de discuter, mais la voix impérieuse le fait taire et ordonne :

« Vous, partir ! Nous, maison !... »

Le petit est entraîné dans l'atelier, où la famille s'installe tant bien que mal.

Simon-René apporte de la paille, car les nuits d'avril sont froides.

Ils devaient rester là deux mois et demi, car, après les grenadiers du général Pernosky, ce furent les Prussiens, puis l'infanterie bavaroise ; soixante-quatorze soldats passeront dans la maison des Braille.

Louis avait peur de tout ce bruit ; il ne quittait pas Monique ou Marie et se serrait contre elles.

Pour le distraire, elles lui décrivaient les canons et les chevaux, les fusils et les lances et les uniformes multicolores ; les bonnets à poil des grenadiers et les casques brillants des cuirassiers ; les grosses épaulettes rouges des soldats et celles toutes dorées des officiers.

Un jour, il entendit le pas de la vache qui sortait de l'étable.

« Ils la prennent aussi », murmura-t-il tristement.

Toutes ces émotions devaient marquer fortement la sensibilité de cet enfant de cinq ans.

Enfin, en été, les soldats partirent ; les Braille retrouvèrent leur maison saccagée, mais la vie reprit peu à peu. Seulement la misère était générale dans tout le village.

Louis XVIII, qui avait remplacé Napoléon, devait envoyer des secours en mai 1816.

Le seigneur du pays, le marquis d'Orvilliers, fournit du travail pour cinquante et une personnes.

Chacun se remit courageusement à la besogne.

7

Un ami

Ce soir du 5 mars 1815, Simon-René et Louis s'en revenaient de Chessy où ils avaient reporté de vieux harnais raccommodés. En cette période de guerre, il ne s'agissait pas de beaux harnachements neufs, car il n'y avait plus de cuir ni de clients. Il fallait se contenter de petites réparations qui rapportaient peu d'écus. Simon y songeait tristement et Louis, la main dans la sienne, cheminait silencieux, lui aussi.

L'enfant avait perdu son entrain et sa gaieté. Depuis le départ de Blanchette et les peurs de l'occupation, il n'avait plus le goût de s'amuser. Sa famille avait beau chercher à l'occuper, il restait des heures à ne rien faire, assis sur une marche du perron. Il réfléchissait trop pour un petit bonhomme de six ans et il s'ennuyait souvent.

Soudain, au tournant de la route, Simon-René aperçut la haute silhouette d'un homme qui sortait d'une ferme. C'était un abbé d'une cinquantaine d'années, portant la lévite, la redingote et le chapeau rond des ecclésiastiques.

En passant devant lui, Simon se découvre respectueusement, mais le prêtre l'arrête :

« Bonjour, mon ami ! Est-ce que vous êtes de Coupvray ?

— Oui, m'sieur l'abbé ; je suis Simon-René Braille, le bourrelier.

— Ah ! bon, fait cordialement le prêtre ; et, lui tendant la main : Alors, vous êtes mon paroissien, car je suis l'abbé Palluy, le nouveau curé. »

Puis, caressant le menton de Louis, il ajoute :

« Et voilà le petit Louis ?

— Comment savez-vous son nom ? dit le père, surpris.

— C'est que je suis ici depuis quinze jours ; j'ai déjà entendu parler de cet enfant, qui est un brave garçon, paraît-il... »

Et il continue :

« Si vous montez au village, nous pouvons faire un bout de chemin ensemble. »

Il prend la main de Louis et règle son pas sur le sien.

Au contact des doigts amicaux, le petit sent une douce chaleur le pénétrer tout entier.

« Et où habitez-vous ? reprend le prêtre.

— En bas du village, dans le chemin des Buttes.

— Il faudra que j'aille vous faire une petite visite pour connaître toute la famille. Combien avez-vous d'enfants ?

— Quatre : il y a d'abord Catherine, qui a épousé Jean-François Carron ; elle a une belle petiote.

— Et les autres ?

— Après c'est Louis-Simon, qui n'a pas

été soldat, car il a tiré un bon numéro[1]. Il va bientôt se marier avec Virginie Cotte, de Lesches. Puis c'est Marie-Céline, qui va sur ses dix-huit ans ; elle aide la mère. Enfin le p'tiot, qui a six ans.

— Et qu'est-ce qu'il fait, ce petit, toute la journée ?

— Il nous aide un peu », fait évasivement le père.

La voix questionne encore :

« Est-ce qu'il aime les histoires ?

— Ah ! ça, oui ! Quand ses sœurs lui racontent des histoires, il n'en a jamais assez !

— Eh bien ! moi, je pourrai lui en conter de belles, s'il veut. »

L'enfant tourne vers le prêtre sa figure illuminée :

« Oh ! merci, m'sieu le curé ! »

Puis les deux hommes parlent des événements, de l'Empereur à l'île d'Elbe, du Congrès de Vienne, des efforts de Louis XVIII pour libérer entièrement la France.

Louis écoute le dialogue d'une oreille distraite, tout à la joie qui chante dans son cœur. Des histoires comme celles du Chat

1. A cette époque, les jeunes gens tiraient au sort un numéro ; quand celui-ci était « bon », ils étaient dispensés du service militaire.

botté et du Petit Poucet, que lui racontait Catherine, mais plus jolies encore, puisque ce seront les histoires « à » M. le curé. Mon Dieu, que ce sera beau !

Les voilà sur la place, devant le presbytère.

« Adieu et merci, m'sieu le curé. Venez nous voir : la mère Monique sera bien contente !

— J'y pense, dit l'abbé Palluy, demain après-midi je serai libre. Envoyez-moi donc Louis avec sa sœur vers deux heures ; je lui raconterai une histoire. »

Tout en traversant le village pour rentrer à la maison, l'enfant saute de joie comme un petit cabri.

8

Les pissenlits

Deux heures sonnaient à l'horloge de l'église quand Marie-Céline et Louis s'arrêtèrent devant le presbytère. Elle, toute pimpante sous son bonnet blanc ; lui, très fier de son habit à boutons dorés.

La grande sœur fait claquer deux fois le marteau de la porte.

Une vieille femme vient ouvrir :

« Ah ! vous voilà ! dit-elle d'un ton bourru. M'sieu le curé vous attend dans le jardin. Tournez autour de la maison et vous le trouverez. »

Marie guide son petit frère et contourne le presbytère.

La voix joviale de l'abbé Palluy se fait entendre :

« C'est gentil d'être venu ! Bonjour, Louis, et voilà Marie-Céline ?

— Pour vous servir, m'sieur le curé, fait-elle avec un petit salut.

— Bonjour, Marie-Céline ! Veux-tu rester avec nous ?

— M'sieu le curé est bien bon, mais il faut que je rentre, car la mère cuit le pain aujourd'hui.

— Comment ! Vous avez encore de la farine ?

— Oh ! c'est du seigle ; du blé, il n'y en a plus !

— Va donc aider ta mère. Tu pourras revenir chercher le petit à quatre heures. »

Après une belle révérence, la grande sœur s'éloigne.

L'abbé prend la main de Louis et l'emmène au fond du jardin.

« Je cueillais des pissenlits pour les lapins.

— Les pissenlits ? Je ne sais pas les reconnaître.

— Tu vas voir, ce n'est pas difficile. »

Et, se baissant avec l'enfant, il lui pose les mains sur une plante.

« Tu sens ces longues feuilles un peu dentelées ? Ce sont des pissenlits.

— Ça ne sent rien, remarque Louis ; alors, qu'est-ce qui sent si fort ?

— C'est de la camomille sauvage. Les fleurs et les feuilles sont toutes petites ; mais les lapins ne les aiment pas. »

Le petit arrache une touffe de pissenlits et la tend triomphalement à l'abbé.

A ce moment, la voix de la vieille appelle de la maison :

« M'sieu le curé, il y a du monde pour vous.

— Veux-tu continuer à les cueillir tout seul ? » questionne l'abbé Palluy.

Avec le consentement de l'enfant, il dépose le panier près de lui.

Une demi-heure après, le prêtre est sur-

pris de trouver, près de Louis, le panier plein de pissenlits magnifiques.

« Tu as bien travaillé ; il n'y a pas une mauvaise herbe. Je te félicite. On va les donner aux lapins maintenant. »

L'abbé guide la petite main sur les grillages de la cabane, il lui fait ouvrir la porte et aide le garçon à mettre les herbes dans la cage.

« Tu peux les caresser, dit-il... La grosse, c'est la mère, et elle a cinq petits... Sais-tu compter ?

— Non, m'sieu le curé !

— Je vais t'apprendre. »

Après avoir refermé la caisse avec l'enfant, il l'emmène, comptant tout haut chacun de ses pas. Au bout de dix, il recommence lentement. Louis répète après lui. Arrivé à la maison, il s'arrête et, d'une seule traite, récite les chiffres sans se tromper.

« Bravo ! Bravo ! Quel bon élève ! Si ton papa veut bien, je te ferai travailler un peu tous les jours. »

Puis c'est la belle histoire, dans le bureau qui sent l'église.

Louis retient son souffle pour ne pas perdre un mot des aventures du « Bon Samaritain ». Il se représente le pauvre voyageur roué de coups par les brigands ; puis volé et abandonné, presque mort, sur le bord de la route. Il « voit » le prêtre, puis le lévite qui passent sans s'arrêter, indifférents et méchants. Avec le Bon Samaritain, il lave les plaies du blessé, lui donne à boire. Il aide à l'installer sur l'âne, et, tout doucement, le conduit au village.

Ce récit remue toute la compassion que Louis porte déjà aux infortunés.

Marie-Céline retrouve son petit frère installé devant la table de la cuisine, les joues barbouillées de miel.

« M'sieu le curé a été appelé pour un malade, explique la vieille ; il m'a dit de lui donner sa collation. Comme je n'avais pas de beurre, je lui ai donné du miel.

— Merci, m'dame, vous êtes bien honnête. Dis merci, fait la grande sœur, et essuie ta bouche. »

Sur la route, Louis jacasse comme une pie. Il a tant de choses à raconter ! C'est comme si on lui avait ouvert de grandes fenêtres sur le monde.

A la maison, il se précipite sur mère Monique :

« Oh ! m'man, que je me suis bien amusé ! Si tu savais comme m'sieu l' curé est bon ! »

Le soir, à table, devant le père et Louis-Simon, c'est la troisième édition des histoires de la journée : les pissenlits, les lapins, la leçon de calcul, le Bon Samaritain.

L'enfant exulte et, avec son rire, la joie est revenue dans la maison.

9

Vercingétorix

Louis retourne tous les jours au presbytère, où l'abbé lui apprend des choses passionnantes.

Il reconnaît maintenant toutes les plantes du jardin ; il sait que les fleurs s'épanouissent sur les tiges et que les racines vont leur chercher, dans la terre, la nourriture dont elles ont besoin.

Il calcule facilement de tête et fait sans difficulté des additions et des soustractions.

M. le curé lui a expliqué la nature et l'action du soleil. L'enfant savait déjà que la lumière, qu'il sentait, indiquait le jour aux voyants et que la fraîcheur du soir précédait la nuit ; mais il ne comprenait pas pourquoi.

L'abbé lui a appris comment les hommes avaient divisé le temps en heures et en minutes, et, maintenant, il comprend bien le langage des horloges.

Parfois, M. Palluy l'emmène dans ses tournées lointaines. La main dans la sienne, Louis marche allégrement sur la route, longeant des bois, des vignes ou des champs que le prêtre lui décrit. Ensemble, ils écoutent les oiseaux que l'enfant reconnaît à leur voix. Le chant triomphant de l'alouette le remplit d'allégresse :

« Qu'elle est heureuse pour chanter comme ça ! » remarque-t-il.

Par contre, le vol lourd et le croassement des corbeaux lui causent un vrai malaise. Il guette les cris joyeux des hirondelles annonçant leur retour et il s'amuse beaucoup des nombreux conciliabules qui précèdent leur départ.

Quelquefois l'entretien était plus sérieux ; ainsi ce jour où ils gravirent un sentier escarpé qui devait les conduire chez le garde forestier. Les cailloux se détachaient du sol et roulaient sous les pieds de Louis. L'abbé, lui ayant pris le bras et le soutenant solidement, lui confia :

« Ce chemin pierreux me fait penser à celui de la vie. Nous avons chacun notre route particulière à parcourir sur la terre...

et elle est souvent bien dure et fatigante... »

Puis, s'arrêtant, il ajouta gravement :

« Mais, écoute bien : si nous marchons toujours courageusement, avec l'appui de Dieu, et si nous aidons les autres à monter, nous sommes sûrs de trouver le bonheur sur les chemins les plus ardus. Retiens bien cela, mon enfant ! »

Ces conseils dépassaient un peu l'entendement de Louis, mais ils marquaient sa conscience profondément.

« Aimerais-tu aller à l'école ? lui demande un jour l'abbé.

— Oh ! oui, m'sieu le curé, répond Louis en sautant de joie ; mais je ne peux pas lire, ni écrire.

— Tu peux toujours écouter. Le nouvel instituteur, M. Bécheret, accepterait de te prendre. Parles-en à ton père. Un voisin pourrait faire la route avec toi. »

« Tu n'es pas prêt, Louis ? On va être en retard, crie Anatole, le petit voisin, sur le seuil de la porte.

— Si, si, j'arrive ; je finis mon café... »

Et les deux garçons, la main dans la

main, se dirigent vers l'école, en haut du village.

« C'est ennuyeux, fait Anatole en ralentissant sur la Touarte[1], je ne sais pas ma leçon. Hier soir, on a monté de la paille dans le grenier avec la poulie : c'était amusant..., j'ai aidé..., je n'ai pas appris mon histoire... et je ne me rappelle pas tous ces mots russes.

— Ces mots russes ? On n'avait pas de mots russes à apprendre.

— Mais si, des noms aussi drôles que ceux des soldats russes qui sont passés à Coupvray.

— Tu veux dire Vercingétorix ? demande Louis ; et, tout d'un trait, il récite : Vercingétorix, le grand chef gaulois, arrêta Jules César à Gergovie en 52 avant Jésus-Christ, mais il fut battu à Alésia. Il se livra pour sauver ses troupes, et il fut tué après six ans de captivité. »

Anatole s'arrête, surpris :

« Comment sais-tu tout ça ? Tu n'as pas de livre !

— Mais le maître l'a expliqué hier et je l'ai retenu.

— Eh bien, alors ! fait son camarade, ébahi... Répète un peu que je l'apprenne... »

---

1. Chemin pierreux qui mène au village.

Arrivé devant l'école, Anatole sait parfaitement sa leçon d'histoire.

Louis est toujours le premier de sa classe, sauf évidemment en lecture et en écriture. Il comprend tout de suite ce que dit le maître et il le retient par cœur.

10

Les bons génies

Ce dimanche matin d'octobre 1818, le jeune instituteur, Antoine Bécheret, attend M. le curé à la sortie de l'église. Il veut lui parler de Louis Braille :

« Un enfant d'une intelligence étonnante, dit-il, qui n'a plus rien à apprendre dans ma classe ; à Paris, ajoute-t-il, j'ai entendu parler d'une école qui enseigne la lecture, l'écriture et divers métiers aux enfants aveugles ; ne pourrait-il pas y aller ?

— Oui, fait l'abbé, vivement intéressé, j'y avais déjà pensé ; mais ses parents voudraient-ils s'en séparer ? Et pourraient-ils payer la pension ?

— Les parents sont intelligents, reprend l'instituteur, ils comprendront quel est le bien de l'enfant ; quant à la pension, il y a des bourses.

— Je pourrais demander conseil à M. le marquis d'Orvilliers, il doit sûrement connaître... J'irai le voir », conclut l'abbé.

L'abbé Palluy parcourt à longues enjambées l'avenue du magnifique château que M. d'Orvilliers a acheté aux Rohan, en 1791. Un laquais en livrée le fait pénétrer dans un grand salon. Le prêtre ne se laisse pas intimider par les tapis moelleux, les tapisseries et les tableaux ; ce n'est pas la première fois qu'il rend visite au seigneur du lieu et fait appel à sa générosité.

Tout de suite, une portière se soulève et le marquis paraît : grand, portant allégrement ses soixante ans, il est vêtu d'un costume de chasse en gros drap marron. Une barbe encore brune cache des marques de petite vérole ; son regard est direct et bienveillant.

« Quel bon vent vous amène, monsieur le curé ? demande-t-il en tendant cordialement la main.

— Bonjour, monsieur le marquis ; je voudrais vous entretenir d'un de mes petits paroissiens : Louis Braille...

— Le jeune aveugle qui se trouve tous les dimanches à la messe près de sa sœur ?

interrompt M. d'Orvilliers. Je l'ai remarqué ; il a une figure très intéressante. »

Le prêtre lui parle longuement de l'enfant et de ses dispositions.

Le marquis sait qu'il existe en effet à Paris une institution royale de jeunes aveugles ; il en a même connu autrefois le fondateur.

Il cherche dans ses souvenirs...

« Oui, je me le rappelle très bien ; il s'appelait Valentin Haüy... C'était à Versailles, exactement le 26 décembre 1786. Il présentait au roi Louis XVI une vingtaine de ses élèves. Ces enfants aveugles chantaient, lisaient avec leurs doigts de grosses lettres en relief et montraient leurs travaux de vannerie et de tissage. Sa Majesté et la cour étaient enthousiasmées. Chacun versa son obole pour la fondation de l'école.

« Par la suite, Bonaparte la rattacha à l'hospice des Quinze-Vingts[1] ; j'ai entendu dire que l'institution avait recouvré son indépendance vers 1814 mais que Valentin Haüy ne s'en occupait plus. Renvoyé de son école en 1806, il se serait exilé volontairement.

1. Hospice fondé par le roi Louis IX pour accueillir 300 (15 × 20) aveugles ou « aveuglesses ».

« Mais il doit toujours y avoir un directeur ; voulez-vous que je lui écrive ?

— Si c'était un effet de votre bonté, monsieur le marquis...

— Entendu, vous pouvez compter sur moi. »

Enchanté, M. le curé s'en vint chez les Braille leur conter la bonne nouvelle : leur fils faisant ses études à Paris, quelle aubaine pour ces braves gens !

Mais son enthousiasme se heurta à l'accueil réservé des parents. Ceux-ci se mirent à discuter les belles propositions avec une prudence, voire même une méfiance toutes paysannes.

Oh ! bien sûr, ils étaient très reconnaissants à M. le curé, à M. le marquis et à M. Bécheret de s'occuper de Louis. Mais l'enfant n'avait pas encore dix ans !... L'envoyer à Paris tout seul au milieu d'étrangers !... Ne serait-il pas malheureux loin de sa famille ? Et puis il était d'une santé délicate ; serait-il bien soigné ? Serait-il assez nourri ?

L'abbé Palluy plaida avec chaleur la cause du petit aveugle.

Simon-René décida enfin qu'il écrirait lui-même au directeur de l'institution pour avoir des renseignements précis.

Les semaines passèrent. Louis ne savait rien ; mais il sentait à leur voix et à leur silence que le père et la mère étaient soucieux ; aussi redoublait-il de gentillesse.

Enfin, ce soir du 15 janvier 1819, une lettre arrive de Paris. Pendant que Louis est à l'atelier, Simon-René la lit à Monique. Elle est écrite par le directeur même de l'institution, le docteur Guillié, et elle est tout à fait rassurante :

L'école est installée, depuis trois ans, dans l'ancien séminaire Saint-Firmin, rue Saint-Victor. Les enfants y sont bien soignés et heureux. Ils peuvent retourner près de leurs parents pendant les vacances. Les élèves apprennent la lecture, l'écriture, la musique et divers métiers manuels.

Le docteur ajoute qu'il a reçu une lettre du marquis d'Orvilliers et que le Conseil de direction accepterait de donner une bourse à leur fils à partir du 15 février 1819.

Rouges d'émotion, le père et la mère échangent un regard où l'espoir le dispute, maintenant, à la crainte.

« Ce ne serait peut-être pas si mal, fait Simon-René... J'ai toujours dit qu'il pourrait devenir instruit, ce petit. Qu'est-ce que tu en penses ?

— Eh bien ! oui, peut-être !... Si on lui demandait son avis ?

— Louis, appelle le père, viens ici ! »

Et, quand l'enfant est entré :

« Aimerais-tu aller à Paris ?

— Où ? A Paris ? Et pour quoi faire ? interroge l'enfant.

— Dans une école, pour apprendre à lire, à écrire... »

Le garçon bondit de joie ; il saute au cou de son père et l'embrasse à l'étouffer :

« Oh ! p'pa !... quel bonheur !... Oh ! oui, je voudrais bien y aller !

— Tu aimerais nous quitter ? fait tristement la mère.

— Oh ! non, bien sûr ! dit le petit en l'embrassant aussi tendrement ; ça me ferait du chagrin, mais j'apprendrais à lire, à travailler comme les autres, et, quand vous seriez vieux, je pourrais vous aider... Et puis je reviendrais souvent... »

Lui paraît vraiment décidé.

« Tu reviendras pour mon mariage, au mois de juin », intervient Marie-Céline, qui a assisté, tout émue, à l'entretien.

Car elle est fiancée à Louis-François-Isidore Marniesse, maréchal-ferrant à Coupvray. A la pensée de ce départ, les parents soupirent ; mais ils sourient à nouveau à leur petit garçon radieux.

11

Le grand voyage

Pendant tous les préparatifs, Louis ne tient plus en place. Il court de l'atelier où Simon-René travaille à la maison, où la mère et Marie-Céline s'affairent au trousseau. C'est Boury, le tailleur, qui a fait l'uniforme de drap noir avec la tunique ornée de fleurs de lis au revers.

Les questions de l'enfant ne tarissent pas :

« Est-ce que c'est beau, Paris ? C'est beaucoup plus grand que Meaux ? Les maisons ont combien d'étages ? Est-ce vrai que sur les bords des grandes rues il y a des p'tits chemins qu'on appelle des trottoirs et où les gens ne peuvent pas se faire écraser ? »

Son enthousiasme anime toute la maison.

« Quand je saurai lire, j'en lirai, de beaux livres... Quand je serai grand, je serai instituteur, et p'pa n'aura plus besoin de travailler et m'man n'aura plus besoin de vendre ses légumes au marché. »

Pourtant il a du chagrin au moment du départ, quand la mère, Marie-Céline, Catherine et son aînée, la petite Céline, l'accompagnent sur la place.

Il fait très froid, ce matin du 15 février 1819, et l'enfant aimerait mieux rester...

Un grand tintamarre annonce la diligence de Meaux ; il faut se dépêcher, car elle ne reste pas longtemps. Un dernier baiser à m'man et hop ! la main du père l'aide à grimper dans la voiture.

La portière se referme ; le fouet claque et le grand voyage commence.

C'est la première fois que Louis emprunte la diligence ; souvent il a assisté à son passage à Coupvray, car c'est la grande distraction du pays ; mais jamais il n'est monté dedans. Et c'est beaucoup plus confortable que la carriole ; on est aussi bien que dans un fauteuil. Et puis il n'y a pas de courants d'air. On est bercé, secoué : c'est délicieux.

Il entend le martèlement des sabots des chevaux, le bruit régulier des roues, le grincement des essieux, les craquements du toit (très chargé de bagages, paraît-il).

Il est assis près de la portière, dans le sens de la marche ; en face de lui, le père lui explique le paysage :

« Il y a de la gelée partout, sur les champs, les vignes et sur toutes les maisons. Le petit bois aussi est tout blanc. Le ciel est bleu : il fera beau aujourd'hui. »

Parfois, à leur gauche, des voitures passent avec fracas :

« Une berline, décrit Simon, conduite par deux chevaux ; un landau avec un postillon et trois chevaux... »

La diligence appuie sur la gauche et Louis entend le pas lent de gros bœufs qui traînent un chariot.

Tout à coup, on ralentit ; l'enfant reconnaît le piétinement de nombreuses petites pattes sur la route :

« Un troupeau de moutons », fait-il.

Et, en effet, les appels du berger et les aboiements du chien retentissent au loin...

Puis les chevaux reprennent le trot et Louis sourit, grisé de vitesse.

A Lagny, la voiture s'arrête devant l'hôtel de *L'Ours*. Simon-René et le petit entrent dans l'auberge. Une bouffée de chaleur les accueille, chargée d'odeurs de vin, de choux et de tabac. Le père fait avaler à l'enfant une tasse de café très chaud ; puis le postillon annonce le départ.

Nouvel arrêt à Chelles, devant *L'Écu de France*. Cette fois, nos voyageurs n'entrent pas ; ils se dégourdissent les jambes sur la route. L'air est vif et piquant, mais le soleil est assez chaud.

On passe à Nogent.

Paris ! enfin ! Quatre heures de voyage pour parcourir ces trente-deux kilomètres.

Le cœur de Louis bat très vite quand il descend de la diligence au milieu d'une foule énorme. Il est poussé..., bousculé... Le père l'emmène à l'écart sous une porte cochère :

« Attends-moi là, dit-il ; je vais chercher ta malle. Surtout ne bouge pas... »

Pas de danger que l'enfant bouge ; il est trop effrayé par ces bruits qu'il ne reconnaît pas et qui forment un vacarme assourdissant.

Des gens passent devant lui dans tous les sens...

Quelqu'un lui souffle dans le nez et constate :

« Tiens, un aveugle ! »

Après un long moment, le père revient enfin. Ils s'assoient tous deux sur la caisse et partagent le repas préparé par la mère. Le morceau de lard les réconforte et sent « bon » la maison. Après un bout de fromage et un quignon de pain, Simon-René charge la malle sur son épaule ; de la main droite, il la maintient en équilibre, et, de la gauche, il prend celle de Louis.

Un passant leur indique la route à suivre pour aller rue Saint-Victor. Les explications sont compliquées et données par une voix rapide et bizarre qui étonne l'enfant, habitué au « parler » de Coupvray.

Le petit garçon a retrouvé toute sa gaieté et les questions pleuvent à nouveau :

« Comment sont-ils habillés, les hommes ?

— Ils ont des pantalons, de gros manteaux avec des pèlerines et des chapeaux très hauts.

— Pourquoi courent-ils si vite ?

— Parce qu'ils sont pressés. A Paris, les gens sont toujours pressés.

— Et les dames, qu'est-ce qu'elles ont ?

— Elles ont des robes longues, des manteaux très larges avec de grosses manches. Elles ont de grands chapeaux avec des tas de rubans... Tiens, voilà deux militaires. Ce sont des soldats de Napoléon ; ils ont le gros bonnet à poil, de longues moustaches... et un air malheureux.

— Ça sent la violette, dit Louis tout à coup.

— C'est une belle dame qui vient de passer. »

Un homme heurte rudement l'enfant :

« Qu’est-ce que c’est ? demande-t-il à son père.

— Un porteur d’eau ; un gars qui a un grand bâton sur l’épaule, avec un tonnelet d’eau à chaque bout.

— Pour quoi faire ?

— Pour monter l’eau dans les maisons. Ce sont généralement des Auvergnats qui font ce métier-là. On leur donne un sou ou deux par tonneau.

— C’est pratique, fait Louis, mais ça doit salir les escaliers. »

Au milieu de la rue, le vacarme des voitures continue, mais l’enfant n’en distingue pas les différents bruits : il y en a trop.

Jusqu’ici ils ont parcouru de belles et grandes rues ; ils pénètrent maintenant dans une ruelle étroite où les bruits résonnent et où l’odeur est bien mauvaise.

« Fais attention, dit le père, le ruisseau est au milieu et il est très sale : enjambe-le. »

DEUXIÈME PARTIE

1

Rue Saint-Victor

Après trois quarts d'heure de marche, les voilà enfin rue Saint-Victor. Une grande pancarte indique : *Institution royale des Jeunes Aveugles*. C'est un vieux bâtiment de quatre étages qui ressemble un peu à une prison. Simon-René a le cœur serré, mais il ne dit rien au petit qui ne peut, heureusement, s'en rendre compte.

Aux coups du heurtoir, un concierge hirsute ouvre la porte.

« Ah ! c'est vous ! bougonne-t-il ; entrez, on vous attend. »

En pénétrant dans la maison, Louis sent un manteau d'humidité lui tomber sur les épaules ; une odeur de moisi le saisit à la gorge.

« Posez la caisse dans un coin, commande

le portier, je la monterai tout à l'heure, et suivez-moi. »

Il les entraîne le long de couloirs étroits et interminables. L'enfant tient fortement son père d'une main, de l'autre, il tâte le mur, qui est froid et mouillé. Jamais il ne pourra se retrouver dans tous ces corridors, pense-t-il.

Une étrange cacophonie résonne au-dessus d'eux.

Ils traversent une pièce qui ne reçoit le jour qu'à travers le vasistas de la chambre voisine. Simon-René peut à peine se diriger.

Si la clarté est inutile aux aveugles, l'air et la lumière leur sont indispensables.

Une porte s'ouvre ; ils pénètrent dans une salle plus chaude qui sent les livres et le tabac. Un tapis recouvre le sol : c'est le bureau du directeur, le docteur Guillié.

La voix qui les accueille est aimable ; pourtant elle sonne un peu faux aux oreilles de Louis.

Le docteur Guillié les fait asseoir, pose des questions, réclame des papiers, demande des signatures. Puis il déclare :

« Le garçon sera très heureux ici ; il aura de bons camarades. Il pourra apprendre la lecture, l'écriture, le tricot, la corderie, la filature, la vannerie, la chaussonnerie, la tissanderie, le rempaillage des chaises... »

Louis n'en demande pas tant !

Simon-René souhaiterait visiter la maison ; il voudrait se rendre compte si toutes les pièces sont aussi insalubres que celle qu'il a traversée ; mais il n'ose pas le demander.

Le directeur lui fait comprendre qu'il est pressé ; il faut se séparer. L'enfant ravale un gros sanglot en embrassant son père ; mais

déjà le docteur Guillié l'entraîne à travers les couloirs malodorants.

« Tu vas assister au cours de géographie. »

C'est dans une classe qu'ils pénètrent ; Louis reconnaît l'odeur de l'école de Coupvray. Le frottement d'une trentaine de souliers sur le parquet lui fait comprendre que les pensionnaires se lèvent à l'arrivée du directeur.

« Monsieur Dufau, voici votre nouvel élève, Louis Braille ; j'espère qu'il travaillera bien. »

La voix du professeur, claire mais froide, lui souhaite la bienvenue.

Louis est installé sur un banc au fond de la salle. Toute l'attention est fixée sur lui ; il le sent et en est gêné.

Mais le maître commence :

« Nous étudions la Seine, aujourd'hui. »

Il parle très lentement, il répète les mots difficiles, puis les fait redire plusieurs fois par les élèves. Il explique le cours du fleuve, décrit les pays arrosés, les affluents reçus, les villes traversées.

Louis se représente parfaitement cette rivière paisible avec ses bateaux chargés de marchandises. Il ne perd pas un mot de la leçon, et, quand il est interrogé, il répète textuellement les explications de l'instituteur. Un murmure d'admiration circule autour de lui.

La cloche sonne ; le surveillant l'emmène dans la cour et le présente à ses camarades, mais aucun ne lui tend la main. Des enfants qui ne se voient pas ne peuvent faire vite connaissance. Il reste adossé à un arbre. Les garçons courent autour de lui ; il voudrait bien se mêler à leurs jeux, mais il ne le peut pas et il se sent seul, terriblement seul...

La récréation finie, le « pion » le ramène à sa place. On lui met alors sous les doigts du papier fortement gaufré, et M. Dufau lui fait tâter la forme de grandes lettres en relief qu'il lui désigne et dont il lui fait répéter le nom.

Puis c'est la leçon d'écriture : il doit suivre avec son crayon le contour de caractères creusés dans une plaque et en retenir aussi le nom.

C'est un peu difficile, mais Louis se passionne et oublie sa peine.

Une vague de tristesse l'envahit pourtant au réfectoire, dont l'odeur aigre lui soulève le cœur. La soupe, dans l'écuelle de bois, n'a aucun goût, et les haricots sont durs comme des cailloux. Que les bons fricots de la mère lui paraissent loin !...

Après un moment dans la cour, le surveillant l'aide à monter deux escaliers tortueux. Il lui fait toucher, dans une petite pièce, la cuvette dans laquelle il devra se laver le lendemain matin. Enfin, il lui montre son lit à l'entrée du dortoir.

« Ta malle est en dessous », lui dit-il en guise de bonsoir.

Louis tire de la caisse sa chemise de nuit ; il se déshabille, plie ses vêtements sur la chaise et se glisse entre les draps.

Le lit est dur et froid (ce n'est plus le bon matelas de Coupvray). L'enfant est triste : la maison ! ah ! qu'il voudrait être encore à la maison !... Et, la tête sous la couverture, il se met à pleurer...

Un frôlement... Le drap est soulevé, une voix murmure doucement :

« Qu'est-ce que tu as ?

— J'ai froid, avoue-t-il au milieu de ses sanglots (froid aux pieds, mais surtout au cœur). »

Il sent sur lui le poids d'un châle et la voix reprend tout bas :

« T'en fais pas, va ! Au début, c'est toujours comme ça. Demain, ça ira mieux... On n'est pas si mal que ça, ici... Allons, dors bien ! »

Louis est sauvé : *il a trouvé un ami.*

2

L'institution

Louis ne se trouve pas malheureux à l'institution. Pourtant la vie y est dure, la nourriture mauvaise. Heureusement qu'il reçoit de Coupvray des colis ; mais il les partage avec ses camarades.

La discipline est rigoureuse, comme dans tous les collèges à cette époque. Les surveillants, peu nombreux, se montrent très sévères ; à la moindre incartade, les punitions pleuvent dru : coups de fouet ou de règle, pain sec, privation de sorties.

Louis, qui, avec sa gaieté, a retrouvé son espièglerie, en a parfois goûté.

L'autre soir, n'était-ce pas lui qui dirigeait la bataille de polochons : « Attrape, Gabriel ! Tiens, Hippolyte !... » Et les traversins de voler dans les airs, et les garçons de s'effondrer sur les lits en pouffant de rire...

Beaucoup de bruit !... Mais la porte s'ouvre avec fracas :

« Silence ! tonne la voix d'un surveillant. Vauriens !... Petits drôles !... Tous au cachot demain et au pain sec !... »

Le cachot pour des aveugles !...

Le pain sec pour des enfants qui ont faim !...

Les camarades l'ont aidé à s'habituer. D'abord Gabriel Gauthier, d'un an son aîné et le plus ancien dans la maison. C'est lui qui l'a consolé le soir de son arrivée.

Louis se rappelle ce premier matin, quand, tiré brusquement de son sommeil par la cloche, il s'était senti si désemparé. La voix gentille de la veille l'avait questionné :

« Tu sais faire ton lit ? »

Et, sur sa réponse négative :

« Je vais te montrer. »

Tout en tirant les draps, le garçon lui avait demandé son nom et donné le sien.

« Dépêchons-nous, avait-il ajouté, il faut se laver. Et si on arrive trop tard au réfectoire, il n'y aura plus de pain ni de café. »

Pendant la récréation, il lui a mis le bras sur l'épaule et a passé celui de Louis autour de sa taille. Ainsi il l'a emmené dans tous les recoins de la cour.

Il lui a montré la porte de la classe : vingt-cinq pas après le gros arbre ; et celle du réfectoire : la deuxième après le poteau.

Gabriel l'a présenté à nouveau aux autres garçons, et, cette fois, tous ont été très gentils avec lui. La camaraderie est souvent plus grande entre des enfants affligés d'un même malheur. Une infortune commune crée toujours un lien spécial entre les petits comme entre les grands.

Puis l'enfant, qui a dix ans maintenant, est heureux d'apprendre des choses passionnantes. Le calcul l'a toujours amusé. La géographie l'emmène dans des voyages extraordinaires à travers le monde entier. L'histoire lui a rendu ses chers héros, Vercingétorix et Jeanne d'Arc, et lui en a fait connaître d'autres.

Très vite, il a appris à lire, et c'est un enchantement pour lui de trouver des idées sur le papier. Il a dévoré tous les livres de l'institution ; mais ceux-ci sont peu nombreux, les grosses lettres gaufrées tiennent trop de place.

Oh ! si les aveugles pouvaient avoir autant de livres que les voyants et lire aussi bien qu'eux !...

Le piano l'a passionné ; pourtant les débuts

ont été pénibles. La première fois que Gabriel le conduisit à l'étage de la musique, il crut perdre la tête tant le tapage était assourdissant. « *Un élève apprenait le piano sur le palier de l'escalier, un autre, la flûte ; un troisième, contre une porte en retrait, jouait du basson, tandis que plusieurs mauvais pianos étaient groupés dans un même salle où les élèves ne pouvaient s'entendre*[1]. »

1. *Les Doigts qui lisent*, par Jean Roblin, Éd. Regain, Monte-Carlo, 1951. La présente biographie doit beaucoup à cet ouvrage.

Hurlant pour dominer le vacarme, Braille cria à Gauthier :

« C'est à devenir sourd. Je n'entends plus rien.

— T'en fais pas, mon vieux, lui dit son ami, tu t'y feras ! »

Et il l'installa devant un piano, lui faisant taper quelques touches ; mais Louis n'entendit pas ce qu'il jouait.

Ils recommencèrent le soir, puis le lendemain. Au bout de plusieurs jours, l'enfant finit par s'isoler et arriva à discerner les sons qu'il émettait.

Gabriel lui nomma les notes et dirigea ses doigts sur le clavier.

Puis son camarade lui joua, trois fois de suite, un motif court et facile que Louis retrouva tout seul et exécuta avec enthousiasme. Exprimer ainsi ce qu'il ressentait, sa joie ou sa tristesse, lui semblait un véritable délice.

A partir de ce moment, il devait travailler avec acharnement et faire de grands progrès.

Assez vite, il pourra bénéficier des leçons que des professeurs du Conservatoire venaient donner bénévolement aux meilleurs élèves.

Un jour, s'extasiant devant le talent de son maître, il lui demandera :

« Où trouvez-vous tout ce que vous jouez ?

— Je lis les notes avec mes yeux sur la musique.

— Alors, nous, aveugles, nous ne pouvons pas suivre les notes ?

— Hélas ! non, on n'a pas encore trouvé le moyen de rendre les notes palpables aux doigts des aveugles. Vous devez retenir les airs et les jouer par cœur. »

On n'a pas encore trouvé !... Peut-être trouvera-t-on un jour, pensera-t-il.

3

Le jardin du roi

Une joyeuse animation règne dans la cour de l'institution en ce début d'après-midi d'un jeudi du printemps 1820.

Les pensionnaires s'apprêtent à partir en promenade au « Jardin du Roi[1] ».

Trois garçons courent de tous côtés ; ce sont les petits élèves voyants, César, Alexis et Gaston, que le nouveau directeur, le docteur Pignier, a introduits dans l'école pour conduire les autres.

Ils groupent les garçons à droite, les filles à gauche. Ceux-là, au nombre d'une cinquantaine, sont sanglés dans leur uniforme ; celles-ci, une trentaine, sont engoncées dans leur robe noire à collerette blanche.

---

1. Aujourd'hui le jardin des Plantes.

Chacun doit tenir de la main droite une grosse corde qu'un surveillant, marchant en tête, va diriger.

Un coup de sifflet et les bataillons s'ébranlent au milieu des rires et des appels. Car, exceptionnellement, la permission de parler a été accordée. Tous en profitent ; les filles jacassent comme des pies, les garçons discutent avec entrain.

Louis Braille, déjà un « ancien », a reçu la charge d'un « nouveau », Adolphe, qui marche derrière lui et qui le questionne sans arrêt :

« Qu'est-ce qu'il y a dans le Jardin du Roi ?

— Des arbres, figure-toi ! plaisante Louis, qui explique tout de suite gentiment : Des arbres magnifiques qui datent de Buffon[1] et de Jussieu[2] ; et aussi des plantes rares que les savants étudient ; c'est pour cela que le Jardin s'appelle le Muséum royal d'Histoire naturelle. Et il y a encore beaucoup de bêtes sauvages.

— Des bêtes sauvages ! relève Adolphe avec effroi. Mais c'est dangereux, ça !

— Rassure-toi, elles sont dans des cabanes et dans des enclos bien fermés.

---

1. Naturaliste et écrivain français du XVIIIe siècle.
2. Célèbre famille de botanistes.

— D'où viennent-elles ? demande curieusement son interlocuteur.

— De la ménagerie royale de Versailles et d'anciennes troupes foraines. »

Le trajet est assez court. Les « cordées » descendant la rue Saint-Victor longent de vieilles maisons que devait remplacer plus tard la Halle aux Vins ; puis elles pénètrent dans le parc par la rue du Roi.

Le chant des oiseaux et le bruit du vent dans les arbres rappellent à Braille son cher Coupvray. Les enfants respirent avec soulagement un air moins vicié qu'à Saint-Firmin.

Ils ont hâte de « voir » les animaux, qui, venus de tous les pays, leur parlent du monde entier.

Les instituteurs leur ont déjà si bien décrit toutes les bêtes, qu'ils reconnaissent chacune d'elles à son cri ou à son odeur. Celle des fauves est particulièrement forte et suggestive. Les élèves aiment s'arrêter devant les carnassiers, notamment devant la cage où un lion vit en bonne intelligence avec un chien.

« Un superbe lion, avec une crinière magnifique, des yeux cruels et une gueule menaçante, explique le gardien, et un chien, un tout petit chien, pas plus gros que la patte du lion...

— Mais, demande Gauthier, le lion peut lui faire mal avec ses griffes ?

— Pas de danger qu'il lui fasse mal ! Ses griffes ? Il les rentre ; il fait toujours patte de velours pour jouer avec lui. »

Et le garde continue, très fier de son savoir :

« Ils sont arrivés ensemble de Versailles et on les a séparés ; mais Turco, le lion, a poussé de tels rugissements qu'il a fallu lui rendre Toto, son petit compagnon. Lui, Turco, qui se jette avec férocité sur des kilos de viande crue, est plein de douceur pour le petit chien, et quand Toto dort, blotti contre lui, il ne bouge pas pour ne pas le réveiller. »

Louis réfléchit longuement à ce mélange mystérieux de cruauté et de tendresse.

La volière, avec ses cris et ses ramages d'oiseaux, ravit les enfants. Les lourds battements d'ailes ou le bruit soyeux des plumes légères leur donnent la sensation de voler, eux aussi, dans les airs.

M. Dufau leur dépeint la « rotonde » qui abrite les mammifères : un grand bâtiment construit en 1802, en forme de croix de la Légion d'honneur (distinction créée la même année par Bonaparte).

Les éléphants les intéressent beaucoup ;

ces animaux si grands et si gros, paraît-il, avec de tout petits yeux malins ! Leur pied énorme peut, selon le cas, écraser un homme ou se poser sur un œuf sans l'endommager. Le gardien raconte leur histoire :

« Butin de guerre en 1798, ils ont été transportés des Pays-Bas à Paris dans des chariots spéciaux qui ont mis deux ans pour accomplir ce voyage. Et ils ne sont pas méchants, ajoute le garde. Tiens, dit-il à Braille en lui remettant un sucre, tu peux leur donner ça. »

Louis tend craintivement la main. Une pince molle saisit délicatement le morceau de sucre et, quelques secondes plus tard, un bras puissant vient le secouer pour réclamer une nouvelle friandise.

Mais, par la suite, on ne devait plus permettre aux enfants de donner à manger aux animaux.

Ce fut après l'aventure des singes. Les jeunes élèves avaient aussi une prédilection pour les singes. Ils « écoutaient » leurs cabrioles décrites par Gaston. Ils se représentaient les grimaces des chimpanzés, les baisers envoyés par les guenons, la haute voltige des ouistitis pendus par la queue et l'application des vieux orangs-outans, toujours occupés à se chercher mutuellement les puces.

Alexis leur donnait quelquefois des noisettes ; ils guettaient le craquement de la coque, le grignotement accompagné de cris stridents, de disputes, de poursuites des autres singes réclamant leur part.

Un jeudi, le petit aveugle Alexandre suggéra :

« Donne-leur un caillou, Alexis, pour les attraper. »

Alexis eut la bêtise de suivre le conseil, et il n'eut que le temps d'esquiver la pierre que le singe lui relançait à la figure.

Les élèves reçurent alors la défense formelle de s'approcher des cages.

4

Les vacances

Ainsi Louis s'était bien habitué à l'institution. Pourtant son cœur était resté à Coupvray, dont il attendait toujours impatiemment des nouvelles. Mais les lettres reçues étaient lues par la voix sèche du surveillant et elles lui paraissaient un peu étrangères.

Sa sœur était maintenant la femme de Louis-François-Isidore Marniesse, maréchal-ferrant ; elle habitait la petite rue Saint-Denis, en haut du village. Louis-Simon était établi à Chessy. Le père et la mère vivaient à deux, mais Louis devait les retrouver pendant les vacances.

Après la distribution des prix, le jeune aveugle, accompagné du père, reprend le chemin de Coupvray. Avec quelle joie il saute de la diligence sur la place du village, où la famille est venue à sa rencontre ! Il embrasse tout le monde à la ronde, depuis la mère, qu'il est si heureux de retrouver, jusqu'aux deux petiots de Catherine, les jumeaux Louis et Marie, qui l'ont reconnu et qui s'accrochent à son pantalon. On lui fait admirer les travaux du nouvel aqueduc ; puis Marie-Céline veut qu'au passage il s'arrête dans sa nouvelle demeure, près de la forge.

Enfin la maison ! La chère odeur de feu de bois, de café et de pommes lui caresse les narines ; une bonne chaleur le pénètre tout entier.

Que de choses à raconter !...

Les questions pleuvent.

Louis y répond longuement, heureux de parler de ses amis de là-bas et des belles choses qu'il apprend.

Il ne donne pas beaucoup de détails sur la nourriture, car la mère s'inquiète. Elle l'a trouvé pâlot et fort maigre :

« Bien sûr qu'il ne mange pas assez ! »

Mais la voix joviale du père l'interrompt :

« Tu vas lui faire de bons fricots, la mère, et l'air du pays lui redonnera des couleurs. »

Sa première visite est pour M. le curé,

qui, à son tour, le questionne sur ses camarades et sur son travail.

Antoine Bécheret lui porte le même intérêt ; et, le dimanche, le marquis d'Orvilliers l'attend à la sortie de la messe pour s'informer de sa vie à l'institution.

Toute cette affection, les bons plats de Monique et l'air de la campagne rendent à Louis forces et courage pour reprendre la rude existence de Paris.

5

Des points !

Durant l'année 1819-1820, Braille continua sa vie studieuse. Appliqué, intelligent et adroit, « *il se fit remarquer dans toutes les branches de l'enseignement*[1] ».

Au début de 1821, la direction de l'école avait changé : le docteur Pignier avait remplacé le docteur Guillié.

Ce dernier n'était pas aimé ; il était dur pour les élèves, qui lui devaient néanmoins l'indépendance de leur école ; mais il avait toujours refusé obstinément l'entrée de l'institution à son fondateur, Valentin Haüy,

1. Extrait de *La Vie et l'œuvre de Louis Braille*, par Pierre Henri, Presses Universitaires de France, 1952.

revenu d'exil en 1817. Cette injustice, personne ne la lui pardonnerait jamais.

Le docteur Pignier était plus sympathique. Il avait la voix chaude et agréable. Il s'intéressa tout de suite à chacun, améliora l'enseignement, allégea la discipline.

Ancien médecin du séminaire de Saint-Sulpice, il orientera les élèves vers la musique d'Église. C'est à lui, le « second fondateur » de l'institution, que les aveugles devront leur carrière la plus lucrative : celle d'organiste.

Un matin d'avril 1821, le marteau de l'institution retentit plusieurs fois violemment.

« Bien ! On n'est pas sourd », crie le concierge Demézière en ouvrant la porte.

Un officier d'une soixantaine d'années, un paquet sous le bras, demande impérieusement :

« Je voudrais voir le docteur Pignier, le nouveau directeur.

— M. le directeur est occupé, dit le portier, peu obligeant.

— Il me recevra quand même, affirme l'officier, qui fouille dans ses poches, en retire un papier et le tend à Demézière.

— Bon ! Bon ! Ça va, entrez », gronde

celui-ci, qui ne tient pas à avouer qu'il ne sait pas lire.

L'officier est introduit dans un petit parloir.

« Diablement humide », fait-il en promenant son regard, dans la pénombre, sur les murs gris, la table et les chaises.

Quelques instants après, il se présente au docteur Pignier :

« Charles Barbier de La Serre, capitaine d'artillerie aux armées de Sa Majesté le roi Louis XVIII. »

Le directeur le reçoit très aimablement ; il le fait asseoir et lui passe sa tabatière avec la phrase rituelle :

« En usez-vous ?

— J'ai déjà entretenu votre prédécesseur, commence alors l'officier, d'une méthode qui permettrait à vos élèves d'écrire et de lire très facilement.

— M. Guillié m'en a parlé, en effet ; de quoi s'agit-il exactement ?

— Eh bien ! voilà : l'idée m'en est venue quand j'étais aux armées. J'éprouvais des difficultés pour envoyer des messages, la nuit, à mes troupes sans attirer l'attention de l'ennemi. J'imaginai alors de tracer sur du carton, avec une pointe, des signes convenus qui indiquaient des ordres ; par exemple : repli..., marche en avant..., etc.

« Les caractères pouvaient être tracés dans l'obscurité avec un poinçon, et ils pouvaient être déchiffrés également dans l'obscurité par le toucher. Cette méthode rendit bien des services ; je l'appelai l'*écriture nocturne*.

« A vrai dire, je ne pensais pas à ce moment aux aveugles... quand, en 1819, au Musée des produits de l'industrie où j'exposai une machine spéciale, je vis un groupe de vos élèves. Je les entendis lire et je fus frappé du mal qu'ils avaient à suivre le contour des gros caractères en relief qu'ils avaient sous les doigts.

« Vous me suivez bien ?

— Parfaitement ; c'est fort intéressant.

— Alors je me demandai s'il ne serait pas possible d'adapter à leur usage mon écriture nocturne. C'est ce que je fis, en représentant les sons différents par un assemblage de points en relief que j'appelai *sonographie*, ou écriture des sons. »

Tout en parlant, l'officier a défait son paquet et il continue avec orgueil :

« Voilà ce que j'ai fabriqué pour perforer régulièrement le papier : ce *poinçon*, cette *tablette rayée* et ce *guide cellulaire*. Et voilà le code que j'ai établi. »

Et, présentant les objets au docteur Pignier, il attend les félicitations que mérite son invention.

Or le directeur se tait.

Il examine soigneusement les instruments, étudie attentivement les cartons.

Enfin, les yeux qu'il lève sur le capitaine sont éclairés de joie :

« Très ingénieux, fait-il. C'est une idée nouvelle à étudier, un système très intéressant à mettre au point.

— Mais il est au point, s'étonne l'officier ; vos élèves peuvent s'en servir tout de suite.

— Je crains que le nombre de combinaisons ne rende la lecture difficile... et puis l'orthographe n'existe pas...

— Sac à papier ! interrompt brusquement le soldat, est-ce que les aveugles ont besoin d'orthographe ? Ils ne peuvent tout de même pas prétendre à la culture !

— Pardon ! répond doucement Pignier, j'en connais de très intelligents, qui seraient capables de parvenir à un degré de culture égal et même supérieur à celui des voyants. »

Les deux hommes discutent longuement.

Finalement, le directeur conclut :

« Si vous le permettez, j'expliquerai votre idée à nos élèves et je leur demanderai leur avis.

— Comment ! proteste le capitaine, surpris : chez vous, ce sont les élèves qui donnent leur avis aux professeurs ?

— Nous croyons, insiste le docteur Pignier, que les aveugles se rendent mieux compte que nous de ce qui peut leur être utile. Nous avons l'habitude de leur faire essayer eux-mêmes les différents systèmes que l'on nous propose.

« Mais je vous tiendrai au courant, cher monsieur, et je puis vous assurer que nos enfants éprouveront une vive reconnaissance pour l'intérêt que vous leur témoignez et pour les idées nouvelles que vous nous apportez. »

Malgré ces paroles aimables, Barbier le quitte assez déçu.

Le lendemain, grande agitation dans les couloirs de l'institution : le directeur convoque tout le monde, professeurs et élèves, pour dix heures.

Que se passe-t-il : punition générale ? privation de sortie ? Chacun interroge sa conscience et l'inquiétude règne dans la grande salle où soixante jeunes piétinent nerveusement.

Enfin la porte s'ouvre.

« M. le directeur », annonce Pignier lui-même, suivant la règle des aveugles qui veut que tout nouvel arrivant se nomme immédiatement.

La voix est cordiale et enjouée ; l'atmosphère se détend.

« Mes chers amis, commence-t-il, j'ai reçu hier une visite qui va grandement vous intéresser... »

Il leur rapporte les paroles de Barbier, leur explique son invention et il fait circuler dans les rangs les appareils et les cartons.

Les acclamations se succèdent : « Épatant !... Très bien ! Merveilleuse, cette idée !... Fort compliqué !... C'est génial ! » etc.

Quand les papiers parviennent à Louis, il bondit de joie et s'exclame, bégayant d'émotion :

« C'est merveilleux !... C'est ça qu'il nous faut !... Ça, des points, des points saillants..., une écriture qu'on peut toucher facilement..., oui : des points !... »

Pignier cherche à calmer ce débordement d'enthousiasme : il expose les inconvénients de la méthode. Mais tous de se mettre à discuter et à essayer l'écriture.

6

Le père des aveugles

Août 1821, branle-bas général : l'institution s'apprête à recevoir son fondateur, le grand Valentin Haüy.

Depuis des années, celui-ci a été tenu ignominieusement à l'écart. Le docteur Guillié lui a interdit l'entrée de son école. Ce directeur, royaliste prudent, ne voulait pas se faire mal voir en recevant Valentin Haüy, compromis pendant la Révolution.

Le vieux maître, triste et fatigué, vivait chez son frère, le célèbre savant, l'abbé René-Just Haüy, dans l'hôtel de Magny, au Muséum d'Histoire naturelle. Son cœur saignait de ne pouvoir pénétrer dans l'école qu'il avait fondée et pour laquelle il avait tant lutté pendant dix-sept ans.

Les visites de ses anciens élèves ne suffisaient pas à le consoler.

Dès son arrivée à la direction, le docteur Pignier se hâte de réparer cette cruelle injustice et il invite solennellement Valentin Haüy à visiter l'institution.

Tout est mis en œuvre pour que la réception soit digne du maître vénéré.

Le matin, il y aura la visite des ateliers ; à onze heures, le déjeuner pris avec les professeurs et les élèves ; enfin, l'après-midi, une séance artistique clôturera la cérémonie.

Les classes ont été supprimées. L'effervescence règne dans les couloirs.

Une estrade est élevée dans la cour ; les murs sont décorés de guirlandes de papier d'argent.

Au-dessus de la grand-porte, une banderole affiche en lettres dorées :

GLOIRE AU PREMIER INSTITUTEUR DES AVEUGLES !

Braille s'affaire avec les autres. Son père et son frère doivent venir assister à la fête, et cela lui met le cœur en joie. La discipline s'est un peu relâchée et tout le monde bavarde en travaillant.

« Qu'est-ce qu'il nous a fait, ce Valentin Haüy ? demande un nouveau.

— Comment ! riposte Louis, indigné, tu ne sais pas qu'il nous a permis de nous instruire ? Sans lui, nous serions tous des mendiants !

— Il était aveugle ? questionne encore la voix.

— Non, il voyait clair, précise Braille.

— Alors pourquoi s'intéressait-il aux aveugles ? insiste le camarade.

— Parce qu'il les aimait... »

C'est le docteur Pignier qui, passant par là, vient de répondre ; et il ajoute :

« Comme Louis te l'a dit, avant Valentin Haüy presque tous les aveugles étaient des mendiants ou des malheureux que l'on montrait dans les foires pour gagner de l'argent.

« Un jour de 1771, à la foire de Saint-Ovide, Valentin Haüy fut bouleversé par le spectacle d'une dizaine d'aveugles grotesquement affublés d'oreilles d'âne et de lunettes vertes. Révolté, il décida de venir au secours de ces pauvres gens et de les aider à vivre comme des hommes.

« Il suivit les cours de l'abbé de l'Épée, qui s'occupait des sourds et des muets, et il étudia les procédés qui existaient alors pour l'instruction de quelques aveugles. Enfin il chercha lui-même, réfléchit beaucoup et, finalement, confectionna des lettres en carton pouvant être reconnues au toucher.

« Son premier élève lui vint en 1784...

« Mais, j'y pense, fait Pignier en s'interrompant lui-même, nous l'avons ici, ce premier élève, c'est François Lesueur, qui dirige l'imprimerie. Il pourrait, mieux que moi, vous expliquer les débuts de l'institution ; je vais lui demander de vous en raconter l'histoire, aujourd'hui même, à la veillée. »

Durant toute la journée, la chaleur a été

accablante. Après le repas du soir, les élèves cherchent, dans la cour, un peu de fraîcheur ; les uns sur les bancs, d'autres assis par terre dans la poussière, certains juchés sur l'estrade en construction.

François Lesueur est parmi eux. Malgré ses cinquante-trois ans, il porte l'uniforme dont, en 1788, la Société philanthropique a doté les membres de l'institution ; seul l'or des palmettes brodées sur le revers de son vêtement indique le professeur. Il a un front volontaire, un sourire bon et intelligent, mais il est un peu intimidé de prendre la parole devant toute l'école.

La voix joviale de Pignier s'élève :

« Alors, Lesueur, vous allez nous parler de Valentin Haüy ; vous l'avez bien connu, n'est-ce pas ?

— Ah ! pour ça oui ! Il a été pour moi un père, plus qu'un père même : c'est lui qui m'a donné la vie ! »

Sous le coup de l'émotion, toute timidité a disparu ; le ton devient même âpre et violent :

« Et quand je pense au traitement qu'on lui a fait subir ici, dans son école, mon sang ne fait qu'un tour...

— Parlez-nous plutôt de vos souvenirs, interrompt Pignier.

— Eh bien, voilà : mes parents étaient

pauvres ; mon père était malade et ne travaillait pas, et il buvait souvent. Alors, dès mon enfance, on m'avait envoyé mendier sous le porche de l'église Saint-Germain. Ça rapportait assez pour nous faire vivre tous les trois. Mais moi, je détestais ce métier ; ça me révoltait d'implorer la pitié et de tendre toujours la main. Puis tous les gens vivaient, marchaient autour de moi, tandis que moi, j'étais un peu comme mort au fond de mon trou noir.

« Un matin, c'était en 1784, je venais d'avoir seize ans, un passant me donna un écu ; ça devait être une erreur et, tout de suite, je l'appelai :

« — M'sieu ! M'sieu s'est trompé.

« Et je voulus lui rendre la pièce.

« Une voix chaude me répondit :

« — Non ! Non, mon ami, je ne me suis pas trompé ; garde l'argent.

« Quelques instants après, la voix amicale demanda :

« — Comment sais-tu que c'est un écu ?

« — Ce n'est pas difficile, lui répondis-je, je l'ai senti avec mes doigts.

« — Ah ! fit-il, et il s'éloigna.

« Le lendemain, j'étais assis sur une marche de l'église et je palpais attentivement un morceau de journal en tâchant de suivre le contour des lettres. Le passant sympathique de la veille me fit sursauter :

« — Bonjour, l'ami, me dit-il ; qu'est-ce que tu fais là ?

« — J'essaie de *voir* les lettres, m'sieu.

« — Est-ce que tu aimerais apprendre à lire ? me demande-t-il.

« — Ça alors ! Si j'aimerais ? Plus que tout au monde, m'sieu.

« Et je me sentis devenir tout rouge d'émotion.

« Alors il m'emmena chez lui, rue Coquillière, dans une chambre qui ne devait pas être bien riche, car elle sentait le tabac, la poussière et les relents de cuisine. Il n'y avait qu'un lit, des chaises et une table ; mais, sur la table, des lettres en bois et en carton qu'il me fit tâter, qu'il me nomma et me fit assembler.

« J'étais fou de joie !

« Les jours suivants, il vint me chercher et commença à m'apprendre à lire, à écrire et à compter.

« J'exultais : il me semblait que de grandes fenêtres s'ouvraient dans mon trou noir, qu'une belle lumière m'inondait et que j'allais vivre comme les autres.

« Mais je ne rapportais plus de sous à la maison ; les parents étaient furieux : bientôt ils me défendirent de retourner chez *mon monsieur* qui nous faisait mourir de faim en m'apprenant à lire !

« Je dus reprendre mon métier de mendiant. Je n'avais plus le goût de vivre. Je pleurais comme une bête.

« Un jour, une main se posa sur mon épaule ; la voix de mon cher protecteur me dit :

« — Viens, François !

« — Je ne peux pas, lui répondis-je : les parents ne veulent pas.

« — Si ! Ils veulent bien maintenant ; j'ai tout arrangé : tu pourras revenir chez moi tous les jours.

« Comment avait-il tout arrangé ? Je ne le sus que plus tard : il s'était engagé à verser à mes parents la somme que je leur rapportais par mes quêtes.

« Ainsi je pus reprendre mes chères études.

— Ça, c'était chic ! crient plusieurs voix enthousiastes.

— Puis, continue Lesueur, il vint d'autres élèves, des garçons et des filles. M. Haüy nous apprenait la lecture, l'écriture, le calcul et la géographie...

— Et la musique ? interrompt Gauthier.

— La musique aussi, bien sûr, mais aux autres, pas à moi : je chantais trop faux ! Ils formaient un vrai orchestre ; ils donnèrent des concerts à Versailles, à Saint-Eustache et à la chapelle royale.

— Alors, questionne la voix de Braille, vous, vous n'avez pas été à la cour de Versailles... Vous savez, quand M. Haüy présenta ses élèves au roi Louis XVI... C'est M. le marquis d'Orvilliers qui m'en a parlé.

— Si fait ! j'y ai été ; j'ai lu, écrit, compté devant tout ce beau monde. Car c'était du beau monde : des princesses parfumées, des seigneurs aimables qui nous faisaient des tas de compliments.

« Un élève nommé Huart a récité devant eux une ode qui disait — je m'en souviens bien :

Nous renaissons à l'espérance
Et notre pénible existence
Devient un fardeau léger.

« Le roi Louis XVI nous a félicités et il a donné à M. Haüy beaucoup d'argent pour l'école.

— Et pendant la Révolution ? interroge Pignier.

— Pendant la Révolution, ce ne fut pas drôle : plus d'argent ! On déménageait tout le temps. M. Haüy se démenait pour nous faire vivre.

« Le plus terrible, ce fut quand Bonaparte,

en 1800, nous mit à l'hospice des Quinze-Vingts, près des adultes, les *aveugles de première classe*, ainsi qu'on les appelait... Et nous, on nous appela les *aveugles de deuxième classe*. Nous devions filer de la laine toute la journée ; ce n'était pas amusant.

« M. Haüy ne nous donnait plus qu'une leçon par mois, le 26. Puis Bonaparte le renvoya tout à fait ; cela nous fit beaucoup de peine... »

Les élèves écoutent, émus et attentifs.

Lesueur continue :

« Mais M. Haüy organisa une école d'aveugles, rue Saint-Avoie (dans le Musée des aveugles). Je voulais rester avec lui.

« — Non, m'a-t-il dit, toi, tu es au courant de ma méthode : ne quitte pas tes camarades, tu peux leur être utile.

— C'est triste ! murmurent plusieurs voix.

— Puis il partit en Russie ; il fonda une école pour aveugles à Saint-Pétersbourg, à ce qu'il paraît, puis dans d'autres villes d'Europe.

— Et après ?

— Après, quand il revint en France, en 1817, nous étions installés rue Saint-Victor. Mais Guillié ne voulut pas le recevoir... Même qu'un jour il l'a fichu à la porte comme un chien...

— Lesueur ! Lesueur ! Vous vous oubliez ! gronde Pignier.

— Mais, monsieur le directeur, c'était abominable et ça nous a fait bouillir de colère... Il est bien triste, allez ! chez son frère, au Muséum !

— Allons ! mes enfants, fait le docteur Pignier de sa bonne voix, nous allons réparer cela. Et après-demain nous ferons à notre cher maître l'accueil qu'il mérite. N'est-ce pas ? »

Des cris d'enthousiasme saluent ses paroles.

7

La relève du flambeau

Enfin le grand jour est arrivé.

Un fiacre de louage s'arrête devant l'institution. Valentin Haüy en descend péniblement ; maigre et voûté, il porte la culotte, la perruque et le tricorne d'autrefois. Sa figure émaciée rayonne de joie.

Le docteur Pignier et les professeurs s'empressent autour de lui.

Ils le conduisent dans la cour, où un déferlement d'acclamations salue sa venue : à droite, les garçons au garde-à-vous, dans leur uniforme bien brossé ; à gauche, les filles souriantes, sous leur bonnet blanc empesé.

Deux fillettes sortent des rangs et, guidées par Mlle Pignier, la sœur du directeur, elles présentent des fleurs au vieillard. Valentin

Haüy ne dit pas un mot : l'émotion lui a coupé la parole.

Il se remet en visitant les ateliers. Il s'intéresse à tout, admire les tricots, les chaussons et les paniers.

Le vieil homme questionne autour de lui et parle à chaque élève.

« Et toi, demande-t-il à Braille, qu'est-ce que tu aimes ?

— Oh ! moi, répond avec entrain l'enfant de douze ans, c'est la lecture, monsieur.

— Alors, tu as lu tous les livres qui sont ici ?

— Oh ! oui, mais il n'y en a pas beaucoup, m'sieur.

— Évidemment, ils sont peu nombreux, car ils sont difficiles à composer et si volumineux ! »

Le repas réunit les « grands » autour des professeurs et de Valentin Haüy dans le réfectoire des élèves (une galerie entre deux escaliers). L'ordinaire a été amélioré : des morceaux de lard flottent dans la soupe et chaque pensionnaire reçoit un bout de fromage et un abricot.

Puis la séance artistique va commencer.

Le temps est magnifique, mais la chaleur suffocante ; le dais placé au-dessus de l'estrade protège mal le vieillard des ardeurs du soleil.

L'orchestre ouvre brillamment le feu.

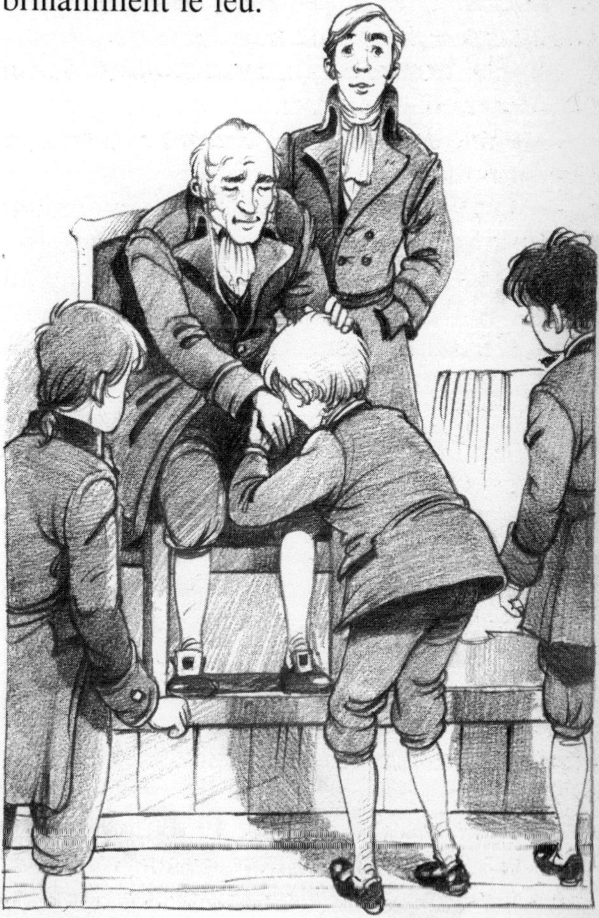

Puis ce sont des solos de violon, de violoncelle et de flûte, vigoureusement applaudis.

Plusieurs élèves récitent une poésie.

Enfin le chœur entonne la fameuse cantate qui commence par ces vers de Huart :

Amis, qu'à jamais on révère
Les talents et le nom de notre bienfaiteur !

Ce chant, entendu trente-trois ans plus tôt à l'occasion de la Saint-Valentin, bouleverse le vieil instituteur. La reconnaissance de ses chers aveugles efface, en cet instant, toutes ses peines ; elle marque, aujourd'hui, le couronnement de son œuvre et les larmes qu'il ne peut retenir sont des larmes de bonheur.

Puis, un à un, les élèves défilent devant son fauteuil. Il serre la main de chacun.

Quand c'est le tour de Braille, celui-ci s'arrête, embarrassé : il ne trouve pas de mots pour exprimer au maître toute sa vénération.

Spontanément, Louis Braille se penche et baise avec ferveur la main de Valentin Haüy.

La vieille main se pose alors sur sa tête et lentement le bénit. Le flambeau passait des mains du vieillard à celles de l'enfant.

TROISIÈME PARTIE

1

Les recherches

La fête terminée, le père et Louis-Simon ramènent Louis à Coupvray pour les vacances.

Dans la diligence, Simon-René s'étonne de son silence inaccoutumé :

« Tu dors ? lui demande-t-il.

— Non, répond le petit évasivement, je réfléchis. »

Oui, il réfléchit intensément ; sa pensée ne peut se détacher de Valentin Haüy. Durant ces derniers jours, il a réalisé tout ce que les aveugles lui devaient ; c'est lui qui leur a permis de vivre vraiment et un peu comme les autres.

Un peu seulement, car ils ne peuvent lire et s'instruire comme les autres.

Ses grandes lettres en relief sont difficiles

à suivre et longues à écrire, et elles tiennent tant de place !

Il y a bien les points Barbier, mais ils sont trop compliqués, trop nombreux.

Dès le lendemain, il est dans l'atelier du père. Il découpe des lettres dans du cuir, les assemble : *c'est le système Valentin Haüy.*

les = 

Puis il prend des clous à tête ronde, les fixe sur une planche par petits groupes : *c'est le système Barbier.*

lè = 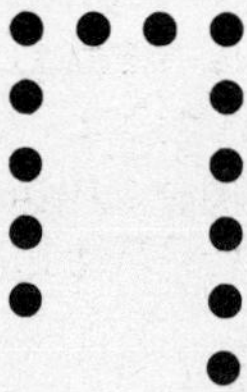

Mais le doigt ne peut saisir en une seule fois toutes les têtes qui composent une lettre ou un groupe de lettres. Louis les place et les déplace lentement.

La mère se fait du souci : elle le trouve toujours aussi pâlot ; il ne fait plus honneur comme autrefois aux petits plats qu'elle lui cuisine.

Le père entre dans l'échoppe :

« Il faut sortir, mon fils, et prendre l'air. Tu n'en as pas trop à Paris, de l'air. Va donc promener un peu les p'tiots. »

Les p'tiots, ce sont les jumeaux de Catherine : Louis-Théodore et Marie-Élizabeth, âgés de cinq ans, et leur grande sœur Céline, qui en a sept. Ils sont fous de tonton Louis et de ses jolis contes.

L'oncle, obligeant, emmène ce petit monde vers la Fréminette ; et il commence l'histoire réclamée, mais sa tête est ailleurs.

« Non, non, tonton, interrompt une voix aiguë, ce petit gars, il s'appelle Henri, et toi, tu dis Pierre ! »

Louis se met à rire et reprend son récit.

Sitôt rentré, il retourne à ses expériences.

L'été se passe ainsi.

A force de tâtonnements, il arrive à supprimer quelques points aux lettres de Barbier.

Dès son retour à l'institution, il fait part de sa trouvaille au docteur Pignier, qui, très intéressé, lui propose de parler de cette amélioration à l'inventeur.

Ce dernier trouve inutile tout changement apporté à sa méthode ; néanmoins il accepte l'invitation, et, un matin du début de 1823, il est introduit dans la classe des « grands ».

Ce n'est pas sans émotion qu'il considère toutes ces jeunes figures privées de regard tendues ardemment vers lui.

« Nos élèves vous sont très reconnaissants de l'intérêt que vous leur portez, déclare alors le docteur Pignier.

— Je serais très heureux, répond Barbier, si mes procédés pouvaient les aider à lire mieux et à écrire plus facilement. Qu'en pensez-vous ? demande-t-il directement aux enfants. L'un de vous aurait-il des suggestions à faire ? »

Un murmure d'approbation parcourt les rangs.

Mais un élève se lève ; blond, frisé, pâle et chétif ; il peut avoir treize ans.

D'une voix mal assurée, Louis Braille déclare :

« Des points, c'est tout à fait ce qu'il nous faut, mais il y en a trop...

— Trop, fait Barbier, vexé d'être discuté par un gamin de cet âge.

— Oui, il y en a beaucoup, fait la voix qui s'affermit, huit à douze pour une lettre, plus de vingt pour un mot, c'est trop à retenir... C'est trop à sentir avec un doigt... Il faudrait en diminuer le nombre. »

Le capitaine est suffoqué d'indignation.

« Alors, vous voulez transformer ma méthode ?

— On pourrait peut-être y apporter de petits changements, risque l'interlocuteur, qui ajoute : Et puis, il y a l'orthographe !

— Qu'avez-vous à faire de l'orthographe ? Pourvu que vous puissiez lire et écrire, c'est tout ce que vous pouvez espérer.

— Mais, monsieur, affirme Louis, nous avons autant besoin de l'orthographe que les voyants pour écrire correctement ! »

Cette fois, Barbier est en colère ; il élève la voix, l'entretien s'envenime...

Braille se rassied en silence ; il a compris qu'il ne convaincrait pas le capitaine et qu'il devrait trouver seul à simplifier l'invention.

2

Enfin !

Louis chercha une solution avec ardeur ; le poinçon, la tablette de Barbier et la réglette percée d'ouvertures lui permettaient de tracer les points avec précision et facilitaient grandement ses expériences. Celles-ci avaient lieu surtout la nuit, car, poursuivant consciencieusement ses études, il ne pouvait y consacrer de temps dans la journée.

Les vacances de 1824 se passèrent en recherches laborieuses. Louis ne s'accordait plus de répit.

Les neveux mêmes étaient renvoyés.

Malheureusement, le bon abbé Palluy n'était plus là pour le conseiller.

Assis sur une marche du perron ou sur le talus du chemin, il faisait inlassablement

« ses picotages », comme disaient, en riant, les voisins.

Ces deux années de travail acharné auraient-elles un résultat ? L'amèneraient-elles au but désiré ?

La volonté et la patience peuvent faire des miracles.

A force de combinaisons, Louis Braille arriva enfin, en octobre, à représenter les lettres et les chiffres par un nombre réduit de points.

Sa joie fut immense.

Trop modeste pour imaginer le *rayonnement mondial qui couronnerait son invention*, il se réjouissait de la possibilité de culture qu'elle apporterait à ses frères d'infortune.

Devant son air radieux, ses parents n'osèrent plus lui reprocher la fatigue qu'il s'était imposée durant ces mois d'été.

Après les fêtes de la Toussaint 1824, le voilà à nouveau à l'institution. Il embrasse affectueusement son frère, qui l'a accompagné. Il file devant le concierge avec un rapide : « Bonjour, monsieur Deméziѐre », et il surgit dans la cour.

« Gabriel, Gabriel ! » appelle-t-il.

Et, à son ami qui lui serre la main, il hurle avec joie :

« J'ai trouvé... J'ai enfin trouvé !...

— Trouvé quoi ? fait Gauthier, un peu ahuri.

— Mais notre alphabet !... »

Et il l'emmène, avec les camarades attroupés, dans une classe vide.

Là, poinçon en main, il commence ses démonstrations et leur révèle la clef de cet alphabet (qu'il devait perfectionner par la suite).

« Voilà, explique-t-il, on écrira les mots de droite à gauche afin de pouvoir les lire sur le verso de la famille, de gauche à droite. Six points, au lieu de douze, seront employés dans chaque case de la réglette ; et ils seront disposés ainsi, *côté écriture :*

4 •	• 1
5 •	• 2
6 •	• 3

« Ce qui fera au verso, *côté lecture :*

1 •	• 4
2 •	• 5
3 •	• 6

« Pour les dix premières lettres, j'ai utilisé le haut des cases :

A est formé par le point 1.
B est formé par les points 1 et 2.
C est formé par les points 1 et 4.
D est formé par les points 1, 4 et 5.

« Et ainsi de suite. Pour les dix lettres suivantes, j'ai ajouté le point 3 aux lettres précédentes :

K devient les points 1 et 3.
L devient les points 1, 2 et 3.
M devient les points 1, 4 et 3.
N devient les points 1, 4, 5 et 3...

« Pour les nombres, les points 3, 4, 5, 6, placés devant les dix premières lettres, les transformeront en chiffres.

1 sera *(côté lecture)* :

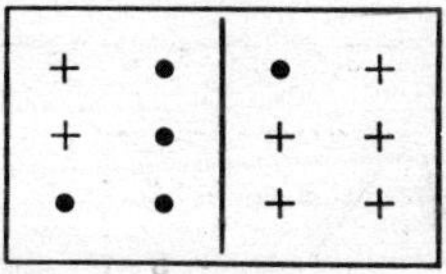

2 sera :

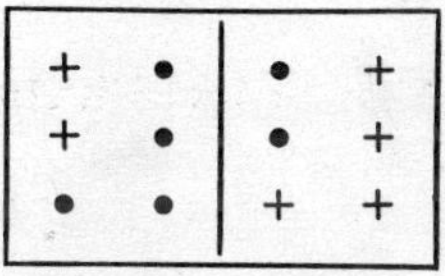

Le silence profond qui a accompagné les explications de Braille est déchiré brusquement par des vociférations de joie.

C'est un déferlement d'enthousiasme ; chacun a compris et veut essayer.

« C'est facile !... On pourra écrire comme on voudra ! C'est merveilleux !... formidable !... »

La voix du docteur Pignier perce le tumulte :

« Qu'est-ce qui se passe ? Est-ce que vous êtes tous devenus fous ?

— Oh ! m'sieu ! m'sieur, c'est Braille qui a trouvé notre alphabet ! »

Le directeur demande des explications ; lui aussi est émerveillé d'une telle précision jointe à tant de clarté.

Pignier aime trop les aveugles pour ne pas être touché de ce qui leur arrive. Ému, il prend dans ses deux mains la tête de Braille, *ce génie de quinze ans*, et y dépose un baiser. Lui sourit, puis il dit gentiment :

« C'est M. Barbier qui a eu la première idée, vous savez, m'sieu. »

3

Les élèves

Une chaleur accablante pèse sur Paris en ce matin de juillet 1835. A l'institution, les fenêtres ouvertes sur la cour ne laissent entrer dans les salles qu'un air lourd et humide.

Dans la classe de troisième, du premier degré, la voix du maître retentit avec colère :

« Marcel, tu ne sais pas un mot de la leçon ! Tu n'écoutes jamais ! Tu ne retiens rien ! »

Et, le ton s'élevant, il ordonne :

« A genoux, dans l'allée, jusqu'à la récréation ! »

Cet instituteur, M. D..., est un voyant et il applique les règles sévères de la discipline de ce temps. Malgré cela, il ne se fait pas toujours obéir de ses trente élèves d'une dizaine d'années ; s'il est craint, il n'est guère aimé.

Il cherche aujourd'hui à se ressaisir, et, plus calmement, il annonce :

« Nous allons continuer la révision d'histoire. Théodule, qui était Charlemagne ? »

Théodule se lève sans empressement ; il réfléchit :

« Voyons ! Charlemagne devait être un grand personnage ? Un roi ? Un empereur même peut-être ? »

« Réponds ! j'attends ! dit sèchement le professeur.

— C'était un empereur, m'sieu, hasarde une voix timide.

— Bien ! Et en quelle année a-t-il été couronné ? »

Théodule est complètement désemparé ; en vain, il cherche dans ses souvenirs ; il s'affole...

Un voisin charitable lui souffle :

« Dis : huit cents !

— En l'an dix-huit cents, m'sieu, affirme alors Théodule.

— Ah, ah ! s'exclame le maître avec un grand rire..., et cela signifie quel siècle, s'il te plaît ?

— Eh bien, répond l'élève, décontenancé, le dix-neuvième, m'sieu. »

Avec un bruit de tonnerre, le poing de l'instituteur s'abat sur son bureau :

« Ah ! vraiment ! vraiment ! Charlemagne au dix-neuvième siècle ! Mais tu sais bien ton histoire, mon garçon ! Je te félicite ! Viens ici ! »

Théodule s'approche de la chaire ; des coups de règle claquent sur ses doigts, suivis d'un gémissement, puis d'un grondement sourd dans toute la classe.

« Taisez-vous ! hurle l'instituteur, hors de lui. Théodule est puni, car il l'a mérité... Et vous, vous êtes tous des paresseux et des ingrats. Il faut vous rabâcher vingt fois les mêmes choses et vous ne les retenez jamais ! Demain, pas de sortie et une heure de cachot pour tous ! »

Alors les pieds martèlent le plancher... Les pupitres claquent, la révolte gronde...

Brusquement la cloche de la récréation retentit, sauvant le maître d'une attaque d'apoplexie... et les élèves d'une punition exemplaire...

Tous se précipitent dans la cour et se regroupent dans un coin.

« Henri, chuchote l'un d'eux à un petit voyant, est-ce qu'il peut nous entendre ? »

Après la réponse négative, des propos amers courent de bouche en bouche : « Il est méchant !... Quelle brute !... Parce qu'il voit clair, il se croit tout permis !... Il nous méprise !... Nous, on le déteste !... »

L'après-midi, la chaleur est aussi forte, mais, dans la classe de première, les élèves de douze à quatorze ans sont attentifs et immobiles. Pourtant l'instituteur ne peut les voir, puisque c'est Louis Braille qui va leur faire le cours d'histoire et de géographie.

Depuis deux ans qu'il a été nommé professeur à l'institution, qu'il n'a jamais quittée, il enseigne aussi la grammaire, l'arithmétique, l'algèbre, la géométrie, le piano et le violoncelle.

Avec lui, les punitions sont rares, mais les enfants travaillent et obéissent, car ils se sentent compris et aimés.

« Quelle chaleur aujourd'hui ! commence-t-il de sa voix douce.

— Oh ! oui, alors ! font les garçons avec conviction.

— Si nous faisions une petite promenade sur l'eau pour nous rafraîchir ; qu'en penseriez-vous ? »

Des cris enthousiastes lui répondent :

« Oh ! oui, monsieur ! Oui..., oui !

— Où pourrions-nous aller ? demande alors Louis.

— En Amérique !

— C'est bien loin !

— En Angleterre !

— Vous ne savez pas l'anglais. Si nous allions tout simplement au Havre ? propose alors le maître. Pourrions-nous aller de Paris au Havre en bateau ?

— Oui, monsieur, par le coche d'eau, en descendant la Seine.

— C'est très bien, fait Braille ; nous nous embarquerons donc sur la Seine.

« Et dans quelle province passerons-nous ?

— Dans la Normandie », répondent plusieurs enfants.

L'instituteur leur décrit alors le pays traversé, les bois, les champs, les prairies avec leurs vaches et leurs pommiers.

« Et nous arrivons à Rouen. Qui est célèbre à Rouen ?

— Jeanne d'Arc, crie en chœur toute la classe.

— Très bien ! Quel est celui qui va nous raconter l'histoire de Jeanne d'Arc ?

— Moi ! moi, m'sieu !... Moi, s'il vous plaît, m'sieu ! » réclament une dizaine de voix.

Louis désigne alors l'élève le plus timide :

« Samuel, où est née Jeanne d'Arc ?

— A Domrémy », répond une voix tremblante.

Le maître approuve, encourage... et l'enfant, enhardi, oublie sa crainte et raconte avec joie toute l'histoire de l'héroïne.

Hélas ! la cloche interrompt la leçon passionnante. Les garçons quittent à regret la classe, mais, dehors, ils retrouvent Louis qui, à la même place sous le préau, est toujours prêt à écouter, conseiller ou consoler celui qui vient le trouver.

Un grand coup de vent balaie la cour ; le temps fraîchit brusquement ; il va faire de l'orage.

« Couvre-toi, Léon ! » crie alors Braille.

Léon va chercher son cachez-nez, que plusieurs palpent avec envie.

« Hé ! l'Enrhumé, qui est-ce qui t'a donné ce beau fichu ?

— C'est M. Braille, répond le garçon, surnommé « l'Enrhumé ». Il m'a dit que je toussais tout le temps et il me l'a donné.

— Ça, c'est commode ! Moi aussi, je vais tousser pour me faire offrir des cadeaux !

— Non, Guillaume, fait la voix grondeuse d'un plus grand, ce n'est pas bien, ce que tu dis là. Tu sais qu'il n'est pas riche, M. Braille, mais qu'il donne toujours pour nous aider et nous soigner. »

Malgré son maigre traitement (300 francs par an), Louis a souvent en réserve quelques pièces pour les plus malheureux. Aux grands, pour sauvegarder leur fierté, il fait signer des reconnaissances de dettes, qu'il conserve dans un coffret avec l'indication : *A brûler sans ouvrir après ma mort.*

Élève, répétiteur, puis enfin professeur, Braille n'a pas cessé de continuer ses recherches. Aidé par Pignier, il a mis au point sa méthode de 63 combinaisons (lettres, accents et chiffres).

Malheureusement, l'administration routinière n'a pas reconnu l'utilité de ce qu'il appelle modestement « ses petits procédés ». Son système n'est pas encore admis à l'école et il est obligé d'apprendre à lire péniblement aux enfants avec la vieille méthode de Valentin Haüy, alors qu'il le ferait si facilement avec la sienne.

Un jour, un de ses élèves lui demande à brûle-pourpoint :

« Pourquoi ne nous apprenez-vous pas à lire avec vos points ?

— Je le voudrais bien, mais la direction l'interdit.

— Alors, c'est M. Pignier qui ne veut pas ?

— Il le voudrait bien, lui, mais c'est l'administration qui s'y refuse.

— Pourquoi ? C'est si facile ; les grands nous ont montré ; on comprend tout de suite et ça va vite. Pourquoi l'administration ne veut-elle pas ?

— Parce que cela coûterait fort cher ; il faudrait refaire les livres, remplacer tous les outils et changer les méthodes. Cela demanderait beaucoup de travail et d'argent. »

Mais Louis ne leur confie pas combien il ressent cette épreuve, qui devait retarder près de vingt ans la réalisation de son rêve.

4

Gabriel et Hippolyte

Heureusement que Louis est soutenu par de bons camarades. Il est lié spécialement avec Gabriel Gauthier, l'ami du premier soir et qui le restera durant leurs trente-quatre ans de vie commune, et Hippolyte Coltat, l'un de ses anciens élèves, qui sera particulièrement le soutien de ses dernières années.

Les jeunes gens se rejoignent dans la cour, pendant les récréations, ou bien ils se retrouvent le soir dans leur chambre.

Ils devisent gaiement en fumant une cigarette.

Ce soir-là, Louis annonce solennellement :

« Sa Majesté est arrivée !

— Quelle majesté ? demande Gabriel.

— Sa Majesté la girafe, offerte par Méhémet Ali, pacha d'Égypte, à Charles X, roi de France.

— Je la croyais encore à Toulon, remarque Coltat, nourrie par les cinq vaches employées à son service !

— Non, continue Braille sérieusement, elle a fait le voyage *à pied* de Marseille à Paris, accueillie dans chaque ville et village par une délégation officielle, musique en tête ; tous les journaux en plaisantent.

— Une drôle de bête, paraît-il, fait Hippolyte ; pourquoi a-t-elle un cou si long ?

— Apparemment pour cueillir sa nourriture en haut des arbres, répond Gabriel.

— Plutôt pour dominer les foules, dit Braille ironiquement. Elle a dû l'apprécier, ce cou ; il lui a permis de ne pas étouffer dans la cohue qui l'a pressée à son arrivée au Jardin des Plantes. »

Souvent l'entretien est plus sérieux ; l'échec officiel de leur cher alphabet les tourmente.

Un jour, Braille confie à ses amis :

« Le docteur Pignier a reçu une lettre du ministre. Il dit que mon travail lui paraît remarquable (il me fait beaucoup d'honneur) et que je mérite d'être encouragé.

C'est flatteur. Mais ce qui l'est un peu moins, c'est qu'il spécifie que seule la méthode Valentin Haüy doit être enseignée à l'institution.

« Ils auront beau faire, proteste énergiquement Gabriel, c'est la tienne qui triomphera. Nous tous, les aveugles, nous l'aimons, nous l'employons et nous ne la lâcherons pas... Et puis, nous avons Pignier avec nous.

— Il peut être renvoyé un jour, comme Valentin Haüy, fait Louis tristement : j'ai entendu dire qu'on formait un complot pour le faire partir.

— On voudrait bien voir ça », font les deux autres, indignés et menaçants.

Les trois jeunes professeurs se préoccupent aussi de leurs élèves et de leur tenue ; car on sait que les aveugles contractent souvent des habitudes dont ils ne peuvent se rendre compte.

« Je suis ennuyé, dit un soir Gauthier, car Henri, le petit voyant, m'a dit qu'Alexandre frottait sans cesse son œil avec son doigt.

— Et moi, continue Coltat, j'ai remarqué qu'Auguste frappait la mesure avec son pied sans arrêt, au réfectoire, à la chapelle, en public... Mais c'est difficile de le lui dire !

— Il le faut, intervient fermement Braille, sans quoi ils ne pourront jamais se débarrasser de ces manies. Voulez-vous que je leur en parle ?

— Entendu, fait Gabriel en lui tapant sur l'épaule ; c'est encore toi qui te sacrifieras, mon vieux *censeur.* »

C'est ainsi que ses amis aiment à nommer le consciencieux Louis.

5

Louis

Grand mais un peu voûté, Louis Braille se mouvait avec aisance. Ses traits fins et réguliers étaient empreints de délicatesse et de bonté. Ses cheveux blonds frisaient naturellement. Mais son teint pâle trahissait une santé fragile.

Quoique professeur, il portait toujours l'uniforme des pensionnaires avec des palmettes dorées, et il était astreint à la même discipline rigoureuse.

Le rapport fait sur lui au conseil de révision est plutôt erroné, voire comique : *« Exempt, étant aveugle à l'hospice des Quinze-Vingts ; ne sait ni lire ni écrire. »* Cruelle dérision pour celui qui devait permettre à tous les aveugles de lire et d'écrire !

Braille goûtait plus les joies du travail que celles des divertissements.

Le docteur Pignier s'intéressait beaucoup à ses jeunes maîtres ; il les conseillait et cherchait à améliorer leur situation.

Parfois il les réunissait chez lui, le soir ; chacun jouait son morceau ou racontait sa petite histoire.

Louis considérait Pignier comme un second père.

Cédant à ses instances, il accepta une fois de se rendre à une soirée mondaine. Mlle Pignier, sœur du directeur, devait l'accompagner.

En pénétrant dans ce salon élégant, Louis ne se sent pas à l'aise. Une bouffée d'air chaud lui souffle au visage des odeurs inconnues : tabac étranger, parfums de fleurs et de femmes, vapeurs d'alcool et de thé.

Le bourdonnement de la conversation s'arrête à son entrée. La maîtresse de maison s'empresse auprès de lui :

« Bonjour, mademoiselle Pignier ! Bonjour, monsieur Braille ! Comme c'est aimable à vous d'être venus ! Je vous présente Mme X..., M. Z... »

Louis serre des mains et répond de son mieux aux propos qu'on lui tient.

Prié de se mettre au piano, il accepte simplement. Lorsqu'il a palpé le clavier, il

se met à jouer et le salon mondain s'évanouit autour de lui. La musique l'emporte, une fois de plus, au pays de ses rêves. Les morceaux de Haydn et de Beethoven qu'il exécute avec expression lui valent de vifs applaudissements et des félicitations enthousiastes. Il est gêné de se sentir le centre de l'intérêt général.

D'autres personnes jouent à leur tour. Les

jeunes filles, à cette époque, sont très fières de se faire entendre sur un « piano-forte ». Elles jouent avec mélancolie la *Dernière Pensée*, de Weber, ou la *Symphonie fantastique*, de Berlioz.

Puis un domestique passe des verres d'orgeat et des assiettes de pâtisserie.

Le brouhaha assourdissant est traversé par des éclats de rire et des exclamations bruyantes.

Cette société inconnue de Braille lui paraît bien agitée et artificielle.

Une voix féminine et douce s'enquiert gentiment de sa vie à l'institution. Il répond aimablement aux questions, malgré la légère irritation que lui cause cette curiosité apitoyée.

Tard dans la nuit, Mlle Pignier l'emmène ; l'air vif de la rue lui fait du bien et il retrouve avec soulagement sa cellule de la rue Saint-Victor. Comme il préfère à cette agitation parfumée son travail, ses amis et ses élèves !

Il avait vingt-deux ans quand un coup violent le frappa dans ses affections : son père aimé mourait à soixante-sept ans, le 31 mai 1831. Louis en éprouva un véritable déchirement.

Il se rendit à Coupvray, resta quelques jours près de sa pauvre maman ; puis, rentré à Paris, il chercha dans le travail l'oubli de son chagrin.

En 1832, la terrible épidémie de choléra l'empêchait de retourner au pays et lui prenait l'un de ses bienfaiteurs, le marquis d'Orvilliers.

Des joies vinrent pourtant éclairer ses peines : en 1834, il présentait son système à l'Exposition de l'industrie et il recevait les félicitations du roi Louis-Philippe.

Braille trouvait des consolations dans la musique ; il jouait du piano et du violoncelle, mais c'était surtout l'orgue qui avait ses préférences.

Le directeur l'avait fait nommer organiste à Saint-Nicolas-des-Champs.

Ce fut avec une certaine émotion qu'il accompagna sa première messe ; pieux de nature, il allait à l'église pour prier et il trouvait déplacé de s'absorber dans l'exécution de ses morceaux. Mais, peu à peu, il s'y habitua et la musique devint l'expression de sa prière.

Cet emploi lui plaisait et lui permettait d'arrondir la petite somme qu'il envoyait régulièrement à sa mère.

Un jour de l'année 1833, il est en train de donner une leçon d'orgue à un élève de dix-huit ans, lorsque le comportement inhabituel de ce dernier éveille son attention. Fausses notes, accrochages, contretemps se multiplient sous les doigts de Pierre.

« Fais attention, lui dit-il ; tu joues mal aujourd'hui.

— Excusez-moi, monsieur ! »

Mais, les fautes se poursuivant :

« Qu'est-ce que tu as ?

— Rien, monsieur. »

La voix tremblante alerte la sollicitude de Louis, car *il sent toujours la peine des autres.*

Il enlève les mains du clavier, les garde dans les siennes et il questionne doucement :

« Qu'est-ce qui ne va pas ? Tu peux me le dire, tu sais ! »

A force d'insistance, il apprend enfin la cause du trouble :

« Mon père s'est cassé la jambe, il est à l'hôpital ; ma mère est malade, elle ne travaille pas... Alors je ne sais pas ce qu'elle va devenir. Je ne peux pas lui envoyer d'argent : je n'en gagne pas. »

Après un moment de réflexion, Louis lui déclare :

« Si ! tu peux gagner de l'argent : tu es

bien doué ; en travaillant, tu pourrais devenir organiste. »

L'autre sursaute :

« Moi, jamais je n'y arriverai !...

— Mais si ! En travaillant beaucoup, tu peux le devenir... En attendant, ajoute-t-il en tirant une pièce de son gousset, envoie cela à ta mère ; tu me rembourseras quand tu seras organiste ; car, je te le promets : tu seras organiste un jour. »

Quelques mois après, Braille est tout heureux d'annoncer à son élève sa nomination à la maîtrise de Saint-Nicolas-des-Champs :

« Tu me rendras service, ajoute-t-il, car je suis fatigué. »

La joie délirante du jeune homme le paie largement de son gros sacrifice.

6

Première alerte

Oui, Louis est très las et il l'est de plus en plus. Souvent il doit s'arrêter dans l'escalier pour retrouver son souffle ; parfois il interrompt quelques instants son cours afin de reprendre haleine.

Le docteur Pignier s'inquiète :

« Tu es malade, Louis ?

— Pas malade, fatigué seulement », répond le jeune professeur en soupirant.

Une nuit, il est pris de crises d'étouffement ; sa bouche s'emplit d'un liquide fade.

Il appelle au secours...

Le surveillant de nuit, affolé, court chercher le directeur.

Pignier le trouve couvert de sang ; il réalise aussitôt le drame : une hémorragie tuberculeuse.

A cette époque, cette maladie ne se soignait et ne se guérissait pas comme à présent ; son microbe même était inconnu.

Le docteur, cachant son inquiétude, déclare jovialement :

« Ce ne sera rien, mon garçon ; il te faut du repos. Tu vas rester au lit et manger de bons biftecks. »

Louis garde la chambre plusieurs semaines ; ses amis l'entourent.

La suralimentation aidant, ses forces reviennent.

Il réclame du travail. Pignier, paternel, ne lui permet qu'une petite classe de débutants qui ne demande aucune préparation. Le reste du temps, il doit se promener ou rester allongé.

Les vacances à Coupvray, les bons soins maternels semblent achever de le remettre.

Pourtant, à son retour, le docteur ne l'autorise pas à reprendre les classes fatigantes ; la musique et les petits cours sont seuls permis.

Il reste souvent dans sa chambre, où ses amis viennent le retrouver. Laas d'Aguen, ancien élève voyant devenu surveillant, leur fait la lecture.

« Écoutez-moi ça, crie-t-il un jour de mai 1838 en brandissant un journal : Lamartine[1]

1. Le célèbre poète romantique, alors député.

vient de prendre notre défense devant l'Assemblée : *Le Moniteur* publie son allocution. Voilà ce qu'il a dit :

Messieurs,

Je suis allé visiter hier l'établissement des jeunes aveugles. Aucune description ne peut vous donner l'idée de ce local étroit, infect, ténébreux, de ces corridors coupés en deux pour former de véritables loges qu'on appelle des ateliers ou des écoles, de ces escaliers tortueux, vermoulus, multipliés, qui, bien loin de paraître disposés pour des malheureux qui ne peuvent se guider que par le tact, ressemblent, permettez-moi le mot, à un défi jeté à la cécité des enfants...

Si la Chambre s'était transportée en masse sur les lieux, elle voterait en masse le crédit demandé par le ministère, et, si des contribuables trop parcimonieux vous accusent, les bénéfices de centaines d'enfants rendus à l'intelligence et au travail vous absoudront.

Cette généreuse intervention devait porter ses fruits : le ministre de l'Intérieur allait obtenir 1 600 000 francs pour l'achat d'un terrain boulevard des Invalides et la construction de la nouvelle école.

7

Le docteur Pignier

En 1840 éclata comme une bombe l'annonce du départ du docteur Pignier. Suivant un rapport tendancieux envoyé par Dufau, second instituteur, le ministre avait décidé le renvoi de cet homme, qui pendant *vingt ans s'était dévoué de toute son âme aux aveugles.*

Au milieu de la consternation générale, le docteur Pignier fit à ses élèves des adieux très dignes :

« Mes chers enfants, leur dit-il calmement, je suis mis à la retraite[1].

« Je vous quitte avec regret ; pendant dix-neuf ans, vous m'avez donné beaucoup de joies dont je vous suis reconnaissant. Je vais

1. A la demande du roi, une modeste pension devait lui être versée.

habiter près d'ici, rue P... Ceux qui voudront venir me voir me feront plaisir... »

Puis, comme Braille, Gauthier et d'autres ne pouvaient retenir leurs larmes et qu'il sentait aussi l'émotion le gagner, il brusqua la séparation :

« Au revoir, continua-t-il brièvement. Continuez à bien travailler et à vous entraider le plus possible. A bientôt ! »

Dufau, évidemment, prenait sa place.

Tous les jeunes étaient bouleversés ; Braille particulièrement, car il connaissait l'hostilité de Dufau pour son alphabet. Ce cher alphabet était donc plus compromis que jamais.

Les premiers temps, le nouveau directeur se contenta d'ignorer la méthode.

Puis il l'interdit. Quand un élève était surpris prenant des notes en points saillants, il était puni, ce qui ne l'empêchait pas, du reste, de recommencer.

Ce chagrin et la mort de sa sœur Marie-Céline provoquèrent chez Louis une recrudescence de son mal. En 1843, de nouvelles hémorragies l'obligèrent à s'aliter. Le docteur Allibert, le médecin de l'école, le soigna un moment à l'institution. Ses amis l'entourèrent de toute leur affection ; ils lui parlaient de la résistance passive menée par les élèves contre l'opposition de Dufau.

Louis, qui se résignait à son état de santé, n'acceptait pas la défaite de son œuvre ; il voulait espérer envers et contre tout.

Il était pourtant bien anxieux quand, envoyé chez lui pour se soigner, en avril

1843, il fut installé dans la diligence par Gabriel et Hippolyte.

« Écrivez-moi. Tenez-moi au courant. Surtout donnez-moi des nouvelles », répétait-il.

8

Au pays

Le voyage fut long et très fatigant ; mais, sur la place du village, Braille eut la joie de retrouver sa vieille maman, venue à sa rencontre malgré ses soixante-quinze ans.

Elle s'inquiéta tout de suite de la mine de son p'tit ; puis, toujours courageuse, elle déclara :

« Je vais te soigner, moi, je vais te guérir, tu vas voir ça ! »

Et elle continua :

« Voilà Louis-Isidore Marniesse qui est venu te chercher avec la carriole pour que tu n'aies pas trop à marcher. »

Le grand neveu de vingt-trois ans embrassa son oncle et l'aida à monter avec la mère dans la voiture.

Depuis la mort du père (douze ans déjà), la chère maison paraissait toujours un peu vide à Louis ; mais sa chaleur imprégnée de fumée de bois et l'odeur de pomme l'accueillit doucement. Dans le lit bassiné par la mère, il se laissa aller à une agréable détente et il s'endormit profondément.

Le repos complet, la bonne cuisine maternelle, l'air vivifiant de la campagne opérèrent encore un miracle. Peu à peu, Louis retrouva des forces.

Il fit d'abord de petits tours dans le jardin, puis dans le village. Mais ses « bons génies » n'y étaient plus : après l'abbé Palluy et le marquis d'Orvilliers, Antoine Bécheret s'en était allé.

Il s'asseyait avec plaisir dans l'atelier aux odeurs familières et y devisait avec ses neveux : Louis-Théodore et Louis-François Carron, qui continuaient le métier de leur grand-père.

Ou bien, parfois, seul dans l'échoppe, il restait silencieux à écouter, attentif, la musique des souvenirs.

La famille profita de son séjour prolongé pour partager entre les enfants les biens du père. Louis reçut un hectare de terre, dix-sept ares de vignes et la maison familiale, où il espérait passer toujours ses vacances.

La vieille maman irait habiter Chessy, chez son fils aîné.

C'était le printemps ; le soleil brillait ; les oiseaux chantaient ; les lilas embaumaient. Ce joyeux renouveau vivifiait le corps et l'esprit du convalescent.

Il aimait se promener dans la campagne, particulièrement avec sa nièce Céline-Louise Marniesse, âgée de huit ans, la dernière fille de sa sœur décédée. Il cherchait à distraire l'enfant privée de mère en lui racontant des histoires, les mêmes histoires que cette sœur avait contées jadis au petit garçon qu'il avait été. Comme la fillette avait la voix juste, il la faisait chanter et, parfois, il joignait sa voix à la sienne. Et les chants de la petite orpheline et de l'aveugle malade montaient doucement dans l'air léger.

Il y avait pourtant une ombre au tableau : le peu de nouvelles de Paris. Ses amis lui écrivaient régulièrement, mais leurs lettres étaient courtes et incomplètes. Elles l'entretenaient de menus incidents ; elles lui parlaient des constructions du boulevard des Invalides qui avançaient et qui, bientôt, permettraient à l'institution de s'installer dans une école confortable et aérée. Mais de l'alphabet, de Dufau, il n'était jamais question, et Louis commençait à s'inquiéter.

Puis le calme de la campagne, la quiétude qui l'entourait engourdissaient à nouveau ses craintes et il se reprenait à espérer : personne ne pouvait rien contre les aspirations profondes des aveugles.

Il paraissait remis quand la diligence l'emmena vers Paris, en ce matin d'octobre 1843. Dans le bercement régulier de la voiture, il se laissa emporter en un rêve merveilleux : tous les aveugles du monde entier lisaient et écrivaient en points saillants ; ils sortaient des ténèbres de l'ignorance et de la misère ; ils vivaient comme les autres.

9

Écroulement

Plein d'entrain, il saute de voiture à la barrière du Trône[1]. Gabriel lui frappe sur l'épaule ; il est venu le chercher avec Hippolyte et tous deux s'informent affectueusement de sa santé et de son voyage. Mais leur poignée de main est réticente, leur voix n'a pas la gaieté habituelle ; et impossible de parler durant le trajet : les rues sont trop encombrées. Louis, qui connaît pourtant bien la route, doit s'efforcer de ne pas heurter les passants.

Enfin ! l'institution : cette odeur de moisi devenue sympathique !... l'escalier tortueux !... et le voilà dans sa chambre. Gabriel veut l'obliger à se reposer, mais lui est trop impatient :

1. Actuelle place de la Nation.

« Alors, questionne-t-il anxieusement, l'alphabet ?

— Les élèves s'en servent toujours hors des classes.

— Et Dufau ?

— Dufau ? Toujours contre !

— Pas plus qu'avant mon départ ? insiste Louis. Il l'interdisait déjà.

— Oui, mais...

— Mais quoi ? fait Louis, irrité. Qu'est-ce que vous me cachez ? Qu'est-ce qu'il y a ?

— Il y a, répond lentement Gauthier, que Dufau a brûlé tous les livres de l'école en caractères Valentin Haüy... »

Louis bondit ; quoi, tous les livres..., tous ses chers livres.

Les vingt-six imprimés par Guillié, les quarante-sept imprimés par Pignier ! Non, ce n'est pas possible !

« Si, continue Gabriel, et il les a fait réimprimer en modifiant les dimensions des lettres, afin que les élèves soient obligés de réapprendre à lire sur des bases nouvelles.

— Mais pourquoi ? Pourquoi ? crie Braille, indigné.

— Probablement pour utiliser le guide-main qu'il a inventé, ironise Coltat.

— Mais enfin, reprend Louis avec véhémence, qu'est-ce qu'il lui reproche, à notre alphabet ?

— Il lui reproche, répond Gabriel, d'être différent de celui des voyants, de risquer de nous isoler...

— Et surtout de nous rendre indépendants, ajoute Hippolyte. Gabriel n'a-t-il pas déjà placé quinze accordeurs sans son aide ?

— C'est une infamie, fait Louis, hors de lui.

— Calme-toi, mon vieux, conseille Gauthier, tu vas te rendre malade. Après tout, cela nous servira peut-être, car, depuis cette innovation, tous les élèves veulent apprendre l'écriture en points saillants. »

Après le départ de ses amis, Braille s'affaisse sur son lit, anéanti. Le désespoir lui étreint la gorge. C'est trop dur de lutter ainsi pour rien... Il voudrait mourir... Et lui, toujours si courageux, se met à pleurer... à sangloter même, la tête dans son oreiller.

Qui pourrait le comprendre ? Qui pourrait lui venir en aide ?

A ce moment s'élève doucement dans son cœur le souvenir de l'abbé Palluy ; ce protecteur, mort à présent, l'avait, autrefois, si bien compris, aidé, encouragé !

Ses sages conseils lui reviennent à l'esprit.

Louis les médite longuement... Il se sent moins seul...

Un grand apaisement se fait en lui.

10

Coup de théâtre

Louis se serait moins tourmenté s'il avait pu entendre les conversations qu'entretenaient, depuis plusieurs mois, le directeur, M. Dufau, et le premier instituteur, M. Guadet.

Ce dernier, au moment de sa nomination à l'école, ne connaissait pas la pédagogie spéciale des aveugles. Il s'était mis à l'étudier sérieusement dans les ouvrages de l'époque. L'esprit libre des préjugés qui paralysaient Dufau, trop ancien à l'institution, il trouva la méthode de Braille fort intéressante.

« Elle pourrait transformer l'éducation de nos élèves », affirmait-il souvent au directeur.

Celui-ci répondait invariablement :

« Elle les séparerait des autres. Avec un

alphabet différent du nôtre, les aveugles s'isoleraient et vivraient repliés sur eux-mêmes et sur leurs problèmes.

— Il me semble, au contraire, continuait Guadet, que cela les rapprocherait des voyants. Cette écriture facile permettrait la transcription de nombreux livres, elle leur donnerait accès à la vraie culture et elle dissiperait la nuit intellectuelle qui entoure leur esprit.

— Ils pourraient alors se passer de nous, remarqua un jour avec dépit le directeur.

— Ce serait parfait pour eux ! » riposta l'instituteur.

Si Dufau ne se laissait pas convaincre, Guadet ne se décourageait pas.

Braille est dans sa petite chambre, songeur et découragé.

On frappe à la porte. Ce n'est pas un aveugle, car aucun frôlement n'a précédé le coup.

« Entrez, répond Louis calmement.

— M. Guadet, fait une voix aimable.

— Bonjour, monsieur, dit poliment Braille en se levant.

— Comment va la santé ? Avez-vous fait bon voyage ?

— Merci, monsieur, ça va.

— Est-ce que je peux m'asseoir ? »

Louis connaît peu le sous-directeur ; il le sait seulement très lié avec Dufau et il se méfie : bien sûr, il vient lui annoncer la condamnation de son alphabet.

Guadet s'installe près de lui et commence :

« Je suis venu vous parler de votre méthode. »

« Nous y voilà », pense Braille en frémissant.

« Vous savez, reprend son interlocuteur, qu'elle est merveilleuse ?

— Quoi ? Comment ? articule le jeune homme, abasourdi.

— Je dis bien *mer-vei-lleuse.*

— Mais M. Dufau ne l'aime pas.

— Je sais, répond la voix joviale, mais il l'aimera, vous verrez. Il me l'a expliquée : elle est claire, pratique, absolument ce qu'il faut à nos élèves.

— M. Dufau défend pourtant qu'on l'utilise, insiste Louis.

— Il le permettra ; tous les aveugles s'en servent avec facilité, que peut-il faire contre tous ? Il se rendra bientôt compte de son excellence. »

Braille n'en peut croire ses oreilles ; il n'ose se fier aux paroles qu'il entend.

« Expliquez-moi un peu comment vous avez trouvé cela », demande Guadet.

Alors Louis se sent tout à fait à l'aise ; il

parle des premières idées de Barbier, raconte ses propres tâtonnements, ses recherches passionnées durant deux années ; enfin la joie de la mise au point, le contentement des élèves et la mauvaise volonté de l'administration. Il n'ose parler de celle de Dufau. Guadet le prévient :

« M. Dufau y viendra, soyez-en sûr. »

Braille, interdit, est partagé entre l'espoir et la crainte : n'est-il pas le jouet de son rêve ?

Ce 11 novembre 1843, le branle-bas est général rue Saint-Victor. Les élèves affairés démontent les lits, clouent les caisses, transportent les meubles : l'institution va s'installer dans les nouveaux locaux situés au numéro 56 du boulevard des Invalides.

Ce n'est pas sans tristesse que les pensionnaires quittent leur vieille école, insalubre, certes, mais pleine de souvenirs.

Ils se sentent dépaysés dans ce grand bâtiment tout imprégné encore d'odeurs de peinture et de menuiserie. Ils tâtonnent dans les escaliers spacieux, le long des larges couloirs.

Mais l'air et le soleil, qui pénètrent à flots, les consolent bientôt et ils prennent leurs habitudes, ces habitudes indispensables à la vie de l'aveugle.

11

Le triomphe

A la fin de décembre 1843, l'abbé Dupanloup, directeur du séminaire de Saint-Nicolas-du-Chardonnet, consacre la chapelle sous le vocable de Saint-Vincent.

Le 22 février 1844 a lieu l'inauguration solennelle des nouveaux bâtiments de l'Institution royale des Jeunes Aveugles, 56, boulevard des Invalides.

Dans la salle des fêtes, devant un public nombreux, les musiciens entonnent une nouvelle cantate à Valentin Haüy, composée par Dufau et Gauthier.

Les personnages officiels et les professeurs sont assis sur l'estrade — Braille, modestement, à la dernière place. Le docteur Pignier a surmonté la répugnance qu'il éprouve à retourner à l'école, pour se tenir près de son cher disciple. Des élèves montent à tour de rôle pour réciter une poésie ou exécuter un morceau.

Puis M. Guadet prend la parole : il va, annonce-t-il, entretenir les auditeurs du système d'écriture en points saillants à l'usage des aveugles.

Le cœur de Louis bat à se rompre.

Le sous-directeur expose brièvement le système de Barbier et ses inconvénients ; puis il explique la conception de Braille et ses immenses avantages.

Pour conclure, il offre aux assistants de procéder devant eux à une petite expérience :

« Si vous voulez, dit-il, Mlle Cailhe va faire écrire et lire, suivant cette méthode, plusieurs de nos pensionnaires. »

L'institutrice envoie une élève dehors ; elle en fait monter une autre sur l'estrade et l'installe devant une table. La fillette, toute rougissante, prend le stylet et attend.

« Qui de vous, questionne la maîtresse, veut lui dicter une phrase ou quelques vers ? »

Aucune réponse : chacun hésite ou réfléchit.

Enfin une voix masculine s'élève :

« Ces vers de Musset[1], propose-t-elle :

L'homme est un apprenti, la douleur est son [maître.
Et nul ne se connaît, tant qu'il n'a pas [souffert. »

1. L'un de nos plus grands poètes et auteurs dramatiques. Il était alors au sommet de sa gloire.

Mlle Cailhe répète lentement les mots... Le silence est général ; seul le bruit du poinçon se fait entendre...

Au bout de quelques minutes, la dictée est terminée ; l'enfant est remerciée et renvoyée à sa place.

« Faites entrer l'autre élève », ordonne Guadet.

Celle-ci est très émue ; elle s'assied sur la chaise ; ses pauvres yeux errent sans expression ; ses doigts palpent le papier. D'une voix tremblante, elle lit :

« L'homme est un apprenti », etc.

De vifs applaudissements accueillent ses paroles.

Puis Dufau, en l'absence d'un garçon, fait écrire par un professeur une phrase musicale que l'enfant déchiffre ensuite sans difficulté. L'enthousiasme est à son comble.

Braille se lève alors à la demande de Guadet, qui le présente au public :

« Voilà Louis Braille, l'ingénieux inventeur de ce système et qui a mérité la reconnaissance de tous les aveugles. »

Tonnerre d'acclamations !...

Louis, très gêné, est pressé de se rasseoir, mais il est heureux : la nuit des aveugles était enfin vaincue ; tous ses frères, désormais, pourraient lire, et s'instruire, et vivre vraiment.

12

Comme les autres

Le revirement de Dufau fut complet. La méthode de Braille, admise officiellement, put enfin être enseignée à tous les élèves.

Tout à la joie de son succès, Louis reprit le travail avec entrain.

Mais il abusa de ses forces. En 1846, il retomba malade. Le directeur, désireux peut-être de réparer ses torts, demanda au ministre l'autorisation de le garder pour le soigner.

Soigné, Louis le fut parfaitement par les religieuses de l'infirmerie et par ses amis et élèves qui lui tenaient souvent compagnie.

Arrêté en plein essor, il accepta cette cruelle épreuve avec son courage habituel. Peu enclin à s'apitoyer sur lui-même, il s'intéressait à tous, s'enquérait des nouvelles de l'école, se préoccupait de ses élèves.

Les bons soins portèrent leurs fruits.

En 1847, se sentant plus solide, il obtint du docteur Allibert de reprendre ses fonctions.

Pendant trois années, il devait connaître encore les joies de l'enseignement, se dévouant sans compter pour ses chers aveugles.

Il continua aussi ses recherches, particulièrement pour la musique.

En ces jours troublés de 1848, sa chambre était souvent le théâtre de vives discussions. Gauthier, « fervent républicain », avait composé une musique triomphale sur les paroles de Béranger : *Reine du monde, Ô France, Ô ma patrie !...*

Louis, plus modéré, se réjouissait des progrès sociaux, mais il déplorait les excès révolutionnaires.

En 1851, ce fut la dernière et très grave rechute.

Braille se sentit perdu ; et il n'avait pas quarante-trois ans. Mais il se résigna à cette angoissante perspective avec une foi admirable.

Sa vieille maman ne pouvait se rendre à Paris pour l'embrasser. Son frère vint le voir plusieurs fois, lui apportant toute l'affection des siens.

Ses amis et le docteur Pignier l'entouraient beaucoup ; et il édifiait chacun par son courage et sa sérénité.

Ce 26 décembre 1851, maître Thiac, notaire, accompagné de M. Guadet, sort de l'infirmerie où Braille vient de dicter ses dernières volontés. Il lègue ce qu'il possède à sa mère, à sa famille et à son ami Coltat.

Celui-ci, resté près de lui, essaie de plaisanter :

« Quelle cérémonie ! Tu vas pourtant guérir bientôt !

— Non, répond Louis, tranquille et pâle sur son oreiller, tu sais que je ne me paie pas de mots... Je sens que ma mission est finie sur la terre... »

Et, plus tristement, il continue :

« Et pourtant je voudrais vivre encore un peu... »

Des coups frappés à la porte l'interrompent.

« Entrez ! Qui est-ce ? demande-t-il.

— C'est moi, Paul, répond, en pénétrant dans la pièce, un jeune « voyant » d'une douzaine d'années. Vous m'avez fait appeler, m'sieur Braille ?

— Oui, mon petit Paul, je voulais te remercier : tu m'as accompagné toujours si gentiment dans mes courses ! »

Prenant alors un objet sur sa table de nuit, il le lui tend :

« Tiens, c'est pour toi. »

Les yeux du garçon brillent de plaisir :

« Votre beau canif, m'sieur Braille ! Vous me le donnez ?... »

Puis, sa figure s'assombrissant :

« Oh ! non, je ne le veux pas ! Gardez-le pour vous.

— Conserve-le, insiste Louis, ce sera un souvenir. »

Des appels retentissent dans le couloir :

« Paul ! Paul ! Où es-tu ? »

L'enfant s'esquive aussitôt, soulagé de pouvoir cacher ses larmes.

« Hippolyte, continue Braille, tu voudras bien donner mes pantoufles à Joseph, l'infirmier, et ma couverture de laine à sœur Saint-Jérôme, qui a toujours été si bonne pour moi. »

La porte est à nouveau ébranlée, trois jeunes gens font irruption dans la chambre :

« César, Léon et un copain voyant, Casimir, annoncent-ils avec animation. Est-ce qu'on peut vous voir, m'sieur Braille ? On vient d'entendre un cours si épatant à la Sorbonne qu'on voudrait vous le raconter. »

Mais Coltat s'interpose :

« Non, vous allez le fatiguer en le faisant parler. Allez-vous-en ! »

Louis proteste :

« Restez, restez ! Je ne parlerai pas. Cela me fait plaisir d'entendre vos voix quand vous ne criez pas trop. »

Les étudiants se perchent sur le lit voisin, inoccupé.

« C'était sur le romantisme, explique tout bas Léon. Le professeur, M. P..., un jeune, a été captivant ; il a fait le procès du classicisme...

— Oui, renchérit César avec fougue, il a opposé les sentiments héroïques des personnages classiques à la sensibilité très humaine des romantiques...

— Mais, interrompt vivement Casimir, pourquoi a-t-il affirmé que les règles de Malherbe et de Boileau étouffaient la véritable poésie ?

— Parce que c'est vrai, rétorque Léon avec véhémence ; parce que la poésie romantique, qui s'en est libérée, est la plus belle qui soit. Ainsi celle de la *Nuit de mai*, de Musset, qu'il nous a dictée. J'ai transcrit les vers au fur et à mesure ; écoutez-moi ça... »

Et, les doigts sur le papier piqueté, il déclame lentement...

Des exclamations admiratives ponctuent la lecture.

Dans sa demi-torpeur, Braille ne saisit pas toutes les paroles ; mais ce dont il est conscient, c'est qu'il se passe près de lui un évènement merveilleux :

Deux aveugles discutant de littérature avec un *voyant, sur un pied d'égalité !*

L'enthousiasme de ses deux élèves le remplit d'une joie très douce. Trop modeste pour s'en attribuer la gloire, il s'en réjouit tout simplement.

Il sourit...

Il est heureux...

Il s'éteignit le 6 janvier 1852 ; son corps, d'abord enterré au cimetière de Coupvray, fut transporté en 1952 au Panthéon ; mais ses mains demeurèrent dans une urne scellée sur la tombe de son pays natal.

Bienfaiteur de l'humanité, Louis Braille n'en reste pas moins inconnu de beaucoup ; pourtant son nom est gravé profondément dans le cœur des aveugles qui peuvent, grâce à lui, s'instruire « comme les autres ».

Bibliographie

ATHAS, Daphné, *Ceux qui vivent dans la nuit.*
BAURIT, M., *Les Quinze-Vingts.*
BEAUNIS, *Les Aveugles de naissance.*
BJARNHOF, Karl, *Un nouveau matin.*
BLATIN, Suzanne, *L'Émouvante Aventure de Braille.*
BURNAND, Robert, *La Vie quotidienne en 1830.*
COLLIGNON, G., *La Lumière dans la nuit.*
DESCAVES, Lucien, *Les Emmurés.*
DUFAU, *Des aveugles-nés.*
GERING, Etta de, *Seeing fingers.*
GUILBEAU, Edgard, *Histoire de l'Institution nationale des Jeunes Aveugles.*
HARCOURT, Robert d', *Une admirable figure française.*
HENRI, Pierre, *Les Aveugles et la Société.*
HENRI, Pierre, *La Vie des aveugles.*
HENRI, Pierre, *La Vie et l'œuvre de Louis Braille.*
HOESL, Paula, *Les Sœurs de Marie-Immaculée.*
Jardins des Plantes, *Guide.*
JENS, W., *L'Aveugle.*
KELLER, Helen, *Sourde, muette et aveugle.*
LA SIZERANNE, M. de, *Impressions et souvenirs d'aveugle.*
LUSSEYRAN, J., *Et la lumière fut.*
MEHTA, Ved., *Vu par un aveugle.*
POLLITZER, Marcel, *Au chevet des aveugles.*
ROBLIN, Jean, *Les Doigts qui lisent.*
VILLEY, Pierre, *Le Monde des aveugles.*

C'est surtout de la belle biographie de Jean Roblin que je me suis inspirée.

D'autre part, les bibliothécaires de l'Association Valentin-Haüy et du Muséum national d'histoire naturelle ont eu l'obligeance de me donner des renseignements précieux.

Des amis aveugles ont bien voulu me confier leurs impressions et leurs souvenirs. D'autres amis dévoués m'ont aidée de leurs recherches. A tous je dis ma vive reconnaissance.

J. C.

Composition réalisée par C.M.L., Montrouge.

IMPRIMÉ EN FRANCE PAR BRODARD ET TAUPIN
Usine de La Flèche (Sarthe)
HACHETTE - 79, bd St Germain - Paris.
ISBN : 2 - 01 - 014849 - 5

32/0433/6